JN214813

敬語図鑑

福田 健

ロング新書

はじめに

「日本語が乱れている」
「若い人の敬語がなっていない」
「敬語の使い方を知らない人が多い」

といった声をしばしば耳にする。

わたし自身は、言葉遣いの細かい事にいちいち文句を言うのは苦手なほうである。

だが、そのわたしにしても、近頃の敬語問題については気になる事がある。言葉は時代と共に変化するから、敬語の使い方も、現代風に、次第に変わってきてよいと思うが、反面、日本語の基本的な約束事——敬語の使い方——ぐらいは、誰もが知っていないと、混乱状態に陥ってしまう。ところが、注意してみると、基本的な約束事さえ守っていない敬語が平気で使われているのである。

理由の第一は、若い人が学生時代と社会人になってからとで、ガラッと違った言葉遣いをしなければならないのだが、まるで外国語のような新しい言葉遣いに当惑したまま、十分マスターできずに、社会人として年月がたってしまうところにある。

企業に入ると、新入社員研修で、敬語の使い方を勉強する。でも、わずかな時間しかないから、身につかないまま、職場に配属される。後は、先輩・上司の敬語を真似るわけだが、基礎が不十分の上、職場によって、相当くずした敬語を用いるので、正しい使い方がわからない。

第二に、大人のほうも、消費市場では大切なお客様となる若い男性・女性のナウイ?言葉遣いに影響され、自分の敬語に自信が持てなくなっている。

「あなたは敬語をご存じですか」

と聞かれた三十代のビジネスマンが、

「ハイ、ご存じです」

と答えた笑い話があるが、これほどはっきりしていればすぐ間違いに気がつくけれど、間違いなのかどうか、自分でもわからないケースのほうが多い。そのため、三十代で活躍ざかりのビジネスマンの中にも、年輩の偉い人と話すのに自信が持てず、消極的になっている人が多い。

敬語はどんな偉い人とも対等に話せる武器であり、若い人にとっては自分を信用してもらうための大切な言葉である。敬語を間違わずに使える事は、それだけで大きな自信になる。

そこで、本書は基本をマスターするために、知らずに間違えている事例を多数あげて繰り返し、使い方のポイントを説明する事にした。通読して行くうちに、いやでも基本がマスターできるようになっている。また、事例の内容も楽しく読めるようにいろいろな場面から引用しているので、スラスラ読める筈である。

基本をマスターすれば、相手と状況による使い分けが、感覚的にピンとくるようになる。間違っていれば、自分で異和感を覚えるようになる。そこで、本書の該当事例を読めば、どこが間違いなのかすぐ判明する。

本書は、敬語に関する理論書ではない。あくまでビジネスの現場で敬語の基本がマスターできるように、実際的な見地から方法論を述べたものである。従って、話す・聞くという口頭のコミュニケーションをベースにしている。その点で、引用した事例の中には活字として読むと馴染みにくいものもあるかもしれないが、実際に声に出して話してみるとピッタリする。

モノが豊かになった時代、いまの日本人にもっとも必要なのは豊かな会話力である。敬語もその一環として位置付けられる。この本をきっかけに、話すこと全般に興味を抱かれた方は話し方研究所にご一報いただきたい。研究所主催の話し方セミナーのご案内をお送りしたいと思う。最後になったが、本書の事例は話し方研究所インストラクター、西川佐代子さんの取材に負うところが多い。KKロングセラーズの編集部のみなさんをも含めてお礼申し上げる。

福田　健

序——もう失敗しない敬語の本　15

一章　ついうっかり間違える敬語の盲点……15

こんな間違い、敬語以前の問題だ　34
これだけは知っておきたい「お」と「ご」の使い分け　35
「お」の使いすぎはみっともない！　37
社会人にもなって〝僕〟では困る！　38
「しばらく」「ちょっと」「少々」の違い　39
普通の問いあわせには使用不可　40
〝どうも〟だけでは世の中渡れない　42
ミスをフォローする〝マジック・フレーズ〟　44
〝おそれいります〟では軽すぎる　45
断り方の盲点①　社内で仕事を断る　46
断り方の盲点②　お客様の申し出を断る　48
断り方の盲点③　部下の誘いを断る時でも…　49

断り方の盲点④　安うけあい厳禁！　52

二章　このひとことであなたは出世できない！……57
上司への敬語

敬語を使って会話の流れを変える！　58
職場には職場のルールあり！　60
尊敬語と勘違いして間違うこんなケース　61
上司の行為に謙譲語を使うこんなケース　63
〝教える〟は上から下への行為　64
敬語不足で嫌な気分になることも…　66
あちらもこちらも立てるには…　67
敬語は〝敬い〟プラス〝思いやり〟　68
〝おる〟を他人に使うべからず　70
誰もが間違っているこのケース　71
身内への敬語は特に注意　72
役づきの人ほど敬語に敏感　74
同じ職場、どちらを立てる　75

〝申して〟〝おっしゃって〟どちらを使う？　76
上司・年長者への敬語はより丁寧に　77
ちょっとした間違いで怒りをかう事も　79
〝いたす〟は自分にしか使わない事　80
本当にわかっているのでしょうか？　81
相手の気分を損ねるきつい表現　82
肩書きほど怖いものはない！　84
年下のくせに生意気な！　86
人の呼び方は〝さん〟が大原則　87
部下に対しても丁寧語を　89
部下に〝思いやり〟を表現　90
上司は友だちじゃない　92
どんな時でも〝うち〟と〝そと〟の区別を　93
慣用句をむりやり敬語化すると…　95
むりやり敬語化するより言いかえを　96

三章 お客さまの印象をグッと良くする敬語術……99

接客・応対への敬語

かなり意識して使わないと間違うケース 100
〝伺う〟〝承る〟の微妙な違い 101
駅に〝くれば〟間にあう？ 102
〝丁寧に〟という気持ちはよくわかるけど… 103
たとえあなたが社長でも！ 104
年配の女性に多い間違い 106
まるで侵入者扱い！ 107
なぜ客が〝拝借〟しなくちゃならない？ 108
人に向かって〝拝見〟とは！ 109
そんなにごたいそうなパンフレットなの？ 110
語尾だけ丁寧でも敬語にはならない 111
見学者はお客じゃないの？ 112
わざわざ〝会わせて〟いただけるのですか？ 113
そりゃあ〝いただきます〟けども… 114

丁寧に話そうとして失敗するケース 115
〝敬語っぽい〟だけでは失格！ 116
典型的な尊敬・謙譲逆転ケース 117
おたくの会社、マニュアルないんですか？ 118
本当に〝失敬〟な人だ！ 119
お客様を一番立てるべし！ 120

四章 交渉の敬語 あなたの言葉が会社を背負っている！

あなたの言葉が会社を背負っている！…………125
尊大な言葉は極力避けよう 126
社名の呼び捨て、言語道断！ 127
〝おたく〟だけでは呼び捨て同然 128
外部の人を役名で呼ぶのはまずい！ 129
〝お〟は尊敬語だけに使うわけではない 130
尊敬・謙譲の混乱しやすいケース 132
営業マンにありがちな間違い 133
一見敬語だけど… 134

〝結構〞の使い方ひとつで…… 135
どんなに偉くとも身内に敬語は使うな 136
敬語がうまくとも失敗はある！ 137
人脈を広げる上手な紹介方法 139
せっかく紹介してもらったのだから… 142
〝どうも〞の乱用は最悪の自己紹介 143
人を表わす名刺の出し方 144
お嬢様言葉に気をつけよう 146
女性に多い〝お〞の使いすぎ 147
目上の人にこの言い方はまずい！ 148

五章 交際の敬語

社交の場で恥をかかない敬語マニュアル……………… 151
年下は〝死ぬ〞、年上は〝亡くなる〞 152
〝差し上げる〞のは自分だけ 153
こんな敬語はサラリーマン失格 154
あまり堅苦しいのもよくないが… 155

〝お〟をつけても〝年寄り〟では…… 156
よくある〝一見敬語〟 158
無礼講にも限度アリ！ 159
女性の上司を〝女〟として見るべからず！ 160
それでも励ましてるつもりなの!? 161
〝いたらない〟なら出てこないでください！ 163

六章 敬語の使いすぎは逆効果！

敬語の基本は快さ

敬語の使いすぎは逆効果！…… 167
敬語過剰と敬語不足は紙一重 168
丁寧すぎて間違いがちなこんなケース 169
敬語は使いすぎるとよけいに失礼だ！ 170
できるだけなくしていきたい二重敬語 172
重なりあった敬語は見苦しい 173
そんなに車が偉いのでしょうか？ 174
よほどの高級家具なんでしょうね？ 175
相手のための行為なら〝お〟でもよいが…… 176

職種によって敬語の度合いは変わる 178
〝おしゃれ〟のしすぎにご用心！ 179
丁寧語を重ねても聞き苦しいだけ 180
〝すっきり敬語〟を心がけよう 181
たかが風邪なんですから… 182

七章 押さえはこれでOK！ 電話敬語から手紙敬語まで

185
電話や手紙に〝表情〟を持たせよう 186
一回コール後、左手で… 188
前時代の遺物〝もしもし〟は避けよう 189
そのひとことが会社のイメージを決める 190
たった三回のベルも、相手にとっては… 191
見えない相手にひとこと添えて 192
相手の〝不安〟を打ち消すひとこと 193
受けた電話は最後まで責任を持つ 194
無神経な取り次ぎは危険！ 196

名のらないからって怪しい者じゃない！ 197
電話だからこそ、あいづちは多めに 199
聞こえなかったら電話のせいにしてしまおう！ 201
そんなに追求する事はないでしょう！ 202
〝お忙しいところおそれいりますが〟のひとことを 203
対面している時以上に気持ちをこめて 204
あなたに命令されるおぼえはない！ 205
電話の切り方で評価が決まることも 206
どうせ誰でも似たようなもんですから 207
混乱しやすい電話の〝第三者〟 208
使ってしまいがちな身内への敬語 210
これを知っていればカンタンに書ける！ 213
〝御中〟〝各位〟はそれだけで立派な敬称 214
組み合わせを間違うと恥をかく！ 215
〝先生〟に〝様〟は敬称の使いすぎ 216
役名に〝様〟をつけるべきか？ 217

本文イラスト／アオシマ・チュウジ

序

もう失敗しない敬語の本

敬語ができる＝仕事ができる＝出世できる！

仕事をときどき一緒にする三十代後半の男性がいる。彼はあるテレビ局のディレクターだが、なかなか有能である。

細かい連絡事項であっても、きちんと事務所に伝言が残っているし、打ちあわせも手際よく進めてくれる。さらに、私の仕事内容や私をどうやったら生かせるかをしっかり把握してくれるのである。

彼が仕事ができるというのは、ディレクターとしての仕事能力があるからなのは勿論である。しかし、そればかりではない。仕事ができるというのは、業務をしっかりこなせなくてはならないのだが、もうひとつ、大切な要素がある。

彼と打ちあわせなどで話しているときに、意見の相違はあっても、こちらがカチンときたことが一度もないことに驚かされる。それればかりか、明日への活力や仕事への情熱がみなぎってくることが多い。

人間関係をうまく生かせるという能力が彼にあるのである。そのひとつの大きな要素に日本語をしっかりしゃべれるということがある。

あるとき、彼の話し言葉にじっくり耳を傾けてみた。よく、聞いてみると、しゃべり方はあまり流暢ではない。「あのぉ」、「エーと」を連発するし、ときどき、どもることさえある。内容について、二度、三度同じことをくどくど言うこともある。

しかし、敬語をしっかり使えるのである。尊敬語はもちろん、謙譲語、丁寧語もちゃんと話せるのである。

心の中で「なるほど」と思った。そして、仕事をする機会の多い、編集者の顔が浮かんだ。その編集者は、仕事ができる。面白いアイディアや現状分析が優れていて、いい仕事をするのだが、仲間や著者に好かれていない。

それは、彼の話し方に問題があるのだと思った。気はいい人なのであるが、言い方がきついし、人を尊重していないようなしゃべり方をしているのである。

気心の知れた友だちならいざ知らず、仕事関係の人にそういう接し方をしていれば、人々はみんな離れて行ってしまう。

「敬語なんかしゃべれなくても、仕事をちゃんとこなしていたら、出世できるよ」と言う若い人が多いようであるが、「敬語をしっかりしゃべれなければ、出世できない」のである。この違いを知っている人なら、必ず、仕事ができる人になれると思う。

仕事というのは、必ず、どこかの部分で人間が相手になる。能力があっても、人を尊重していないような言葉遣いをしていたら、人から認めてもらえない。

社長とも対等にぶつかりあえる！

年が違っていても、人間同士、互いに尊敬しあい、対等にかかわるのが基本だが、相手と自分の立場の違いを意識すると、なかなかそうはいかないのが現実である。

それならば、対等にかかわるためにはどうしたらいいのであろうか。きちんとした言葉のやりとりがその違いをうめるのである。きちんとした言葉のやり取りがあってこそ、人間の関係は対等に変化するのである。敬語は、対等にかかわるための言葉遣いなのである。後輩が先輩に、部下が上司に対して、その立場の違いをうめるのが敬語である。

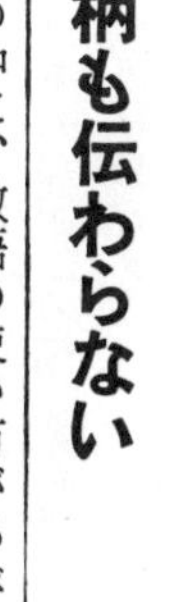

◇敬語を使えないと人柄も伝わらない◇

元気よく、口達者にまくし立てる人の中に、敬語の使い方があぶないなと、心配になる人がいる。敬語の使い方というより、相手に対する向かい方といったほうがよいかもしれない。自分は口達者に喋れるので、ともすると、相手を見下す態度に出て、それと共に、言葉が粗雑になるのである。つまり、人柄が出てしまうのである。

反対に、横柄なところが少しもない人間なのに、敬語がうまく使えないために、

「生意気だ」

「いばっている」

「感じが悪い」

などと、誤解をされる人もいる。三十歳になる経理担当者が話し方のセミナーにきて、前に立ってスピーチをした。そのときの第一声は、「どうも」であった。おまけに、体がぐらっと、かたむいたので、なんとも雑なあいさつになってしまった。何回か接していると、誠実な人柄の持主で、仕事熱心な人だとわかったが、喋り方で、損をしている。

敬語には人柄が出るが、よい人柄を持っていても、敬語が十分使いこなせないと人柄が伝わらない。相手への敬意を、言葉と態度ではっきり表現できる人こそ、敬語上手な人なのである。

これぐらいの敬語の知識はおさえておこう

先日、原宿の街を歩いているときに、前を歩いていた三十歳くらいの男女の会話が聞こえてきた。

「食事をいただきましたか？」

と男性。

「いいえ、召し上がっておりません」

と女性。

丁寧にしゃべっているようであるが、間違った敬語を使っている。

「いただきました」は謙譲語であるので、自分の動作を言う言葉である。

そして、「召し上がる」は尊敬語で、相手の動作を言う言葉である。

正しく言いかえると、次のようになる。

「食事を召し上がりましたか？」

「いいえ、まだ、いただいておりません」

具体的な敬語の使い方を学ぶ前に、基本的な敬語の知識を覚えたい。

ひとくちに敬語と言っても、いくつかの種類がある。

用い方や形式に決まりがある。敬語がむずかしいと言われる理由もここにある。

敬語は、

「尊敬語」

「謙譲語」

「丁寧語」

の三種類に分けられる。そして、近頃は第四の敬語として、「美化語」をあげる人が多くなってきた。

「尊敬語」は、相手を高く待遇して、相手に敬意を表する敬語。相手の動作、状態、物、などを表すのに用いる。

「謙譲語」は、自分を低く待遇して、相手に敬意を表する敬語。自分の動作、状態、物、などを言うのに用いる。

「丁寧語」は、相手に対する敬意をできるだけ丁寧に表すのに用いる敬語。

「美化語」は、「丁寧語」の親戚で、敬意を表するというより、美しく、上品さを表したいときに用いられる。

以上、簡単に敬語のおさらいをしたわけだが、「敬語を知っている」と、「話せる」では、大違いである。いざというときに、敬語がきちんと使えるようになりたいものである。

相手を尊重することが敬語の第一歩

見知らぬ人に言葉をかけるとき、友だちのような言葉遣いで話しているだろうか。それとも、敬語を使っているであろうか。

「ここの席開いてるかな。それとも、誰かくるのかな。ねえ、おばさん、どっち」

汽車の中などで、このように話しかけられた年配の女性がいた。こう言われると、年配者の心理として、席が空いていても、「席は空いておりません！」と言いたくなってしまう。

しかし、「すみません。こちらのお席は空いておりますでしょうか。それとも、どなたかがいらっしゃるのでしょうか」と言われると、「どうぞ、どうぞ空いておりますから」と、置いていた荷物を気持ちよくどかしてしまう。

この違いは、まさに、敬語を使っているか否かである。

敬語は、この場合、尊敬しているから使っているのではない。また、敬語で話しかけられた人も、尊敬されているという感じで受け取ってはいない。

話しかけられた人は、きっと、「尊敬されている」というより、「バカにされていない」、「ひとりの人間として認めてもらっている」と感じるはずだ。これは、敬語のひとつの側面である。

「席が空いていたら座りたい」と思う気持ちは同じでも、言葉のかけ方によって、相手に伝わる印象が全然違ってくるのである。

言葉は丁寧であっても、心の中では何を考えているかわからないこともあろう。しかし、通常、丁寧な言葉の底には、丁寧な心があり、相手を敬う言葉の底には、相手を敬う心があるはずである。

見知らぬ人と話しをするときは、敬語で話すことが大切である。言葉がひとことか、ふたことの場合はなおさらである。その言葉で、相手の気持ちを傷つけたりしても、回復するチャンスがないのだ。

でも、もう二度と会わないのだから、関係ないや、と思う人が出てくるかもしれない。そう思う人は論外である。

普段から、そういう気持ちで生きていると、いざ、というときに必ずその精神があらわれてくる。

急に、大切なお客様がいらっしゃったとき、心がまえをあらたにする余裕がなく、無礼な態度で接して失敗してしまうことがあるだろう。

毎朝、正しい磨き方で歯磨きするように、敬語を使うことを習慣づけてしまおう。そうすれば、人間関係がもっとスムーズに運ぶことであろう。最初、敬語を覚えるのは大変かもしれないが、一度、身につけてしまえば忘れることはない。

"態度"は時に敬語よりも雄弁だ

「すみません。家具売り場はどこにありますか？」

「はい、いらっしゃいませ。家具売り場でございますか？　そちらのエレベーターで5階まで上がりまして、右手にございます」

デパートの受付には、このようによく訓練された受付嬢が座っている。

しかし、ときとして、冷たい感じを覚えることがあるのは、私だけであろうか。冷たい感じというだけなら、まだ、仕方ないと思うが、ひどい場合には、バカにされているのではないかと思ってしまうこともある。

それは、言葉だけが歩きだしているからである。言葉は確かに丁寧であるが、態度が伴っていないからである。「はい、いらっしゃいませ」と言いながら、体を後方にそらせたり、お客様の目を見てしゃべっていなかったり、面倒くさそうに読み上げているような抑揚でしゃべっていたり、「そちらのエレベーター」という説明のとき、アゴで示していたり…。

それなら、「アッ、5階にありますよォ」と、にこやかに言ってくれたほうが気分いいとさえ思ってしまう。

言葉の技術は、訓練しておかなければならない。しかし、よく訓練された受付嬢などに、冷たい感じを与える機械的な対応が多い。

それは、心が入っていないからである。

彼、または彼女に「愛している」などと愛の言葉を言うとき、体を向けあい、手をにぎりあい、瞳を見つめてするであろう。愛の気持ちがあふれているとき、体全体、声のトーンまでいつもとは変わるはずだ。

また、「愛している」と言葉で言わなくても、ボディ・ランゲージで雄弁に愛を語れるときもある。むしろ、言葉以上に本音が出てくることもあるはずだ。

心の動きは、態度、表情、手振りなど、あらゆる振る舞いに表れてくる。敬語を使うとき、言葉だけの問題としてとらえてはならない。それ以前に、相手を受け入れ、敬う気持ちが必要なのである。

敬語の応対技術には慣れるべきであるが、応対の心まで慣れてしまってはならない。それは、必ず、体や声のトーンに表れてくるからだ。

にこやかに応対し、礼儀のある対応をしてくれているのに、なぜか、いい気分がしないとしたら、多分、それは、心のこもっていない応対をされているからだろうと思って間違いない。

一分の隙もない正しい応対をしようということより、心のこもった応対をしようということから、敬語を使いたいという気持ちが出てくるのが、本当である。

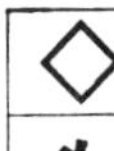

もうひとつの敬語利用法!?

「あなたはいつもお仕事をがんばるエリート社員でいらっしゃって、お偉い方とのおつきあいにもお忙しい方ですから、家のことをやる時間はございませんよね。ですから、この間お願いしたのに、まだテーブルの壊れたところをなおしてくださらないのは仕方のないことでございますね。それに、今月、わたくしが法事で実家に帰ったとき、家にお帰りでなかったようでございますね。いいかげんにしてくださいませ」

もし、妻からこのように丁寧におこごとを頂戴したらどんな気分であろう。後味悪い気分になって、怒鳴る気力もなくなるだろう。

「ごめんなさいませ。あなたはわたくしには、もったいないお方です。待ちあわせの時間にはたったの一時間しか遅れない律儀な方ですし、誕生日のプレゼントも千円もするお高いハンカチを一枚くださるというお金持ちでいらっしゃいます。他の素晴らしい女性を見つけてくださいませ」

彼女から、こんな別れの言葉をもらったら、どんな気持ちであろう。それなら、いっそ「時間も守れないし、けちな男なんて最低!」のひとことを言われたほうがいいに違いない。敬語はいろいろな働きがある。

ばか丁寧は〝失礼〟の始まり

近くまで行ったからと、ちょっと、お得意先の会社に立ち寄ることがある。

「突然ですが、近くまできましたので、寄らせていただきました。お忙しいと思いますので、すぐ帰ります。田舎から届いた地酒です。どうぞ、お飲みになってください」

「いやあ、よくいらっしゃってくださいました。どうぞ、どうぞ、ゆっくりしてください。わたくし、3時から会議がありますけれど、それまでは時間がございます。奥の応接間に行きましょうか。アッ、日本茶がよろしいですか、それとも、コーヒーでしょうか。お腹がすいているようでしたら、おべんとうを取りましょうか」

気軽に立ち寄っただけなのに、場違いに、あまりに丁寧すぎた応対をされると、かえって、きてはいけなかったのかなという気持ちになってしまう。「いんぎん無礼」とは、こういうことだ。（心理学者はいんぎん無礼は敵意の防衛だと言っている。）

丁寧に応対することは非常に大切なことであるが、あまりに丁寧すぎると、かえって、相手をしらけさせ、うっとうしい気にさせてしまう。

テレビドラマなどで、イヤミなサラリーマンを演出するとき、「丁寧であれば失礼にならないと信じて疑わない、いんぎん無礼な人間像」がひとつのパターンになると聞いたことがある。

敬いのレベルを考えて話そう

日本語は外国語に比べて、うやまうレベルのバリエーションが多いのが特徴である。相手と自分の位置や立場によって、敬語のバリエーションを使い分けないと、失礼になったり、いんぎん無礼になったりする。

例えば、年下の人に「この原稿のなおしをお願いいたします」と言ったら、あまりにも、丁寧だ。また、社長に向かって、「この書類を見てください」では、失礼であろう。

では、バリエーションについて、ちょっと考えてみよう。

「〜をお願いします」――目下の人、同輩の人
「〜をお願いいたします」――同輩の人、目上の人
「〜をお願い申し上げます」――目上の人・最上の人の敬語

“マジック・フレーズ”はあなたの大親友

「マジック・フレーズ」を日本語になおすと「魔法の成句（まとまった意味を持つ言葉）」である。

さて、「マジック・フレーズ」とは、「申し訳ございません」、「おそれいります」「ありがとうございます」などの言葉である。

なぜ、このような言葉が「マジック・フレーズ」なのであるのか。それは、人間の心をほぐし、なごます魔法のような言葉であるから。

あなたが、中川部長のところを訪ねて行って、応対に出た自分よりずっと若い人の話し方が次のようであったら、どんな気持ちがするであろうか。

「中川部長さんは、いらっしゃいますか」

「ただいま、席をはずしております」

「そうですか。三時にお会いする約束なのですけれど……」

「しばらくお待ちください」

言葉自体は、悪いものではないが、「自分は招かれざるお客ではないのかな」、「約束していたのに、きたのはよくなかったのかな」などと思い、言葉にもっと過敏な人なら「バカにしている」と思うだろう。

「中川部長さんは、いらっしゃいますか」

「申し訳ございません。ただいま、席をはずしております」

「そうですか。三時にお会いする約束なのですけれど……」

「おそれいります。しばらくお待ちください」

こんな応対をされたら、しばらく待ってもいいなという気になる。

丁寧に応対されたことで自分の人格が尊重されたと感じられるし、お客として歓迎されていると思える。

どうして、こんなに受ける気持ちが違うのかというと、「申し訳ございません」、「おそれいりますが」の「マジック・フレーズ」がふんだんに使われているからである。

特に、お客様の要望にそえないとき、落度が自分や自分の会社にあるとき、努めて「マジック・フレーズ」を使うようにしよう。また、お客様に何か物事を頼むときも同様である。

「おそれいります。ここにお客様のお名前を書いていただけますでしょうか」

「申し訳ございません。在庫がございませんので、届きしだいご連絡いたします」

「お手数ですが、あなた様のご連絡先を教えていただけませんか」

「まことにおそれいります。存じませんでした」

「失礼でございますが、佐藤様でいらっしゃいますか」

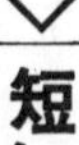

短い挨拶を省略するべからず

「どうも」だけを独立させて使う人は、一人前の社会人とは言えないが、挨拶の言葉を省略する人も立派な社会人ではない。

友だち同士なら「おはよう」でよい。上司、お客様などには、「ございます」を語尾につけて、「おはようございます」と言う。「ありがとう」は「ありがとうございます」である。

年上の人に向かって、「おはよう」、「ありがとう」では失礼である。悪気がないにせよ、「おはよう」、「ありがとう」と言われた年上の人は、バカにされているのではないかと思い、不愉快になる。

しかし、関西では「おおきに」のニュアンスで「ありがとう」を使う。「おおきに」は目上の人に使っても失礼にならない。が、「ありがとう」は「おおきに」と同じではない。関西から東京に転勤になった若い会社員が、お客様や上司に「ありがとう」と言ったら、ヘンな顔をされた、という例もある。ちょっと、気をつけたほうがいいであろう。

さらに、その他、窓口にお客様がいらっしゃったとき、「いらっしゃい」では困る。「いらっしゃいませ」と声をかけるほうがいい。

受付などでお客様を待たせるときも、「少々お待ちを」ではなく、「少々お待ちください」と最後までちゃんと言うことが大切だ。女性だったら、「少々お待ちくださいませ」と言ったほうが、優しい響きがある。

お客様に何か頼まれたときなどは、「はい」ではなく、「かしこまりました」と言ったほうが印象がよい。

そして、難しいのは、「こんにちは」と「こんばんは」の挨拶である。笑い話のようであるが、丁寧にしゃべろうとした新入社員が、「こんにちはございます」と言って、失笑をかったという話を友人から聞いたことがある。

相手が目上の人であっても、明るく、おじぎをしながら、丁寧な言い方で「こんにちは」と言えば、問題はない。しかし、「こんにちは」に抵抗があるなら、

「こんにちは、ごぶさたしております」

「こんにちは、今日もよろしくお願いいたします」

などと言うとよい。下に言葉が続くと、丁寧に聞こえ、そこで、敬意を表せるからだ。

「こんばんは」のときは、

「こんばんは、よろしくお願いいたします」

「こんばんは、日の暮れるのが早くなりましたね」

など、その場にふさわしい挨拶の言葉をつけるとよい。

一章

ついうっかり間違える敬語の盲点

こんな間違い、敬語以前の問題だ

✖「食べれる」「着れる」「出れる」

●「食べられる」「着られる」「出られる」

「こんばんは。今日の特集は、世界のめずらしい食べ物です。日本国内の食べ物から、遠くアフリカの奥地の食べ物まで、いろいろと見れます」

最後の「見れます」は、日本語として間違っている。これはもう、敬語以前の問題である。正しくは、「見られます」である。

テレビを見ていると、しゃべることを本業としているアナウンサーでさえ、このようなたぐいの間違いをおかしていることがある。

このような間違いは、今、すぐにでもなおしたい。

そして、「見れます」としゃべっている人は、ほとんどの場合、「着る」、「食べる」なども同様の間違いをおかしがちだ。

×「着れる」→○「着られる」　×「出れる」→○「出られる」

×「食べれる」→○「食べられる」　×「行ける」→○「行かれる」

×「起きれる」→○「起きられる」

くれぐれも、注意したい。

これだけは知っておきたい「お」と「ご」の使い分け

× 「お意見」「お住所」「お希望」

● 「ご意見」「ご住所」「ご希望」

「お長男がお生まれになったそうで、おめでとうございます」
「ご望みならば、どうぞ、お持ち帰りくださいませ」

尊敬語と謙譲語の使い分けができないと、おかしな言葉遣いになってしまうが、尊敬語の接頭語である「お」や「ご」の使い方も間違ってしまうと、恥ずかしい思いをするものである。

まず、最初に接頭語の説明をしよう。接頭語の「お」や「ご」は、相手の物、服装、家族、体、行為などにつけるものである。さらに、自分や身内の行為や物が相手にかかわるときにもつけられることを忘れてはならない。

「ご気分はいかがです?」（気分＝相手の体）
「ご連絡をお待ちしております」（連絡、待つ＝相手にかかわること）

このように使われている。

さて、「お」と「ご」についての基本的ルールは、訓読みをする和語には「お」、音読みをする漢語には「ご」をつけることになっている。

和語には、「お望み」、「おこころざし」、「お使い」、「お便り」、「お教え」、「お許し」、

「おしとやか」、「お幸せ」、「お着き」、「お勤め」、「お招き」、「お力添え」、「お帰り」などがある。

漢語には、「ご意見」、「ご長男」、「ご住所」、「ご質問」、「ご通知」、「ご協力」、「ご出発」、「ご到着」、「ご希望」、「ご訪問」、「ご来訪」、「ご教示」、「ご許可」、「ご消息」、「ご勤務」などがある。

もちろん、例外もある。

「お菓子」、「お弁当」、「お料理」、「お鍋」、「お味噌汁」、「お茶」、「お食事」、「お箸」、「お部屋」、「お玄関」、「お勝手」、「お散歩」などは、原則的に言えば、「ご」をつけるべきものである。

しかし、これらは、日常生活にとけこんでいて、「お」が使われている。

反対に、少ない例外であるが、和語に「ご」がつく場合もある。「ごゆっくり」、「ごひいき」などが、それである。

また、「お」でも、「ご」でもどちらでもよい場合がある。「ご返事」「お返事」、「お通知」「ご通知」、「お勉強」「ご勉強」などである。

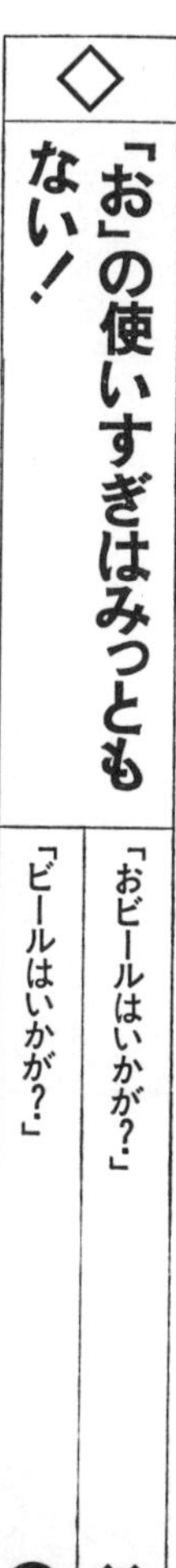

◇「お」の使いすぎはみっともない！

✖「おビールはいかが？」

●「ビールはいかが？」

「おビールをいただきたいわ」「おビールをおつぎいたしましょう」「おビールがよろしいですか」など、ビールに「お」をつけてしゃべっている人が多い。美化語として使っているのだろうが、上品でもなければ、丁寧な言葉でもない。決して好ましい言い方ではないのである。

外来語には、接頭語をつけないのが原則である。もちろん、「コーヒー」も「おコーヒー」ではおかしいし、「ジュース」も「おジュース」では誤りである。

「わたくし、おトイレに行ってまいりますので、ちょっと失礼させていただきます」これも気取ったつもりかもしれないが、おかしい。「おトイレ」と言ったばかりに、しっかりとした言葉遣いがだいなしになってしまっている。

また、学校、図書館などの公共物や、「おじや」「応接室」など「お」で始まる言葉にも「お」や「ご」はつけない。

ただ「送る」、「教わる」などは例外で、「お送りします」、「お教えください」のように使われる。

社会人にもなって〝僕〟では困る！

✖	「僕」「俺」
●	「私（わたし、わたくし）」

日常では、自分のことを男性なら「僕」とか「俺」、女性は「わたし」が普通の形である。

しかし、仕事場では、男性も女性も「わたし」と表現するのが適当である。

また、へりくだった意味を表すのに「わたくし」という言い方がある。

女性の場合には、「わたし」と言うより「わたくし」という言い方のほうがより丁寧であろう。

男性の場合、「わたくし」という言い方に抵抗がある人もいるであろうから、「わたし」でもいい。

しかし、相手と自分との立場に開きがある場合、「わたくし」と言ったほうが適当であることもある。

また、人に対しての呼び方は「あなた様」、「佐藤（名前）様」、「どちら様」などが用いられる。例えば、「すみません。あなた様のお名前を伺いたいのですが」、「××商社の〇〇様でいらっしゃいますね」、「どちら様でいらっしゃいますか」などと使われる。

「しばらく」「ちょっと」「少々」の違い

大阪の会社に仕事のことで電話連絡を取ったとき、

「しばらく、お待ちください」

と言われて、イラだったことがある。

実際には、わずかな時間しか待たなかったが、「しばらく」と言われて、「しばらく」待たなければならないのかなという気持ちになったのだ。

また、受付などで、取り次ぐのに時間がかかりそうなとき、

「ちょっと、お待ちください」

では、お客様に対してウソを言っていることになる。この場合は「しばらく」であろう。または、丁寧な表現である「少々」を使うべきだ。

「しばらく」、「ちょっと」、「少々」の意味は辞書的に言うと、さほど違わない。しかし、どの言葉を投げかけられるかによって、受ける印象がずいぶん変わってくる。

この言葉から受ける、人々のニュアンスは、多分、「しばらく」がやや長い時間で、「ちょっと」と「少々」が短い時間である。

普通の問いあわせには使用不可

「つかぬことを伺いますが」
「少々お伺いしたいのですが」

先日、事務所に「話し方」を勉強したいという、ある会社の部長さんから問いあわせの電話があった。

「はい、〝話し方研究所〟でございます」

「もしもし、つかぬことをお伺いしたいのですが……、日常的な話し方ではなく、企業の部課長向けの〝話し方コース〟はありますか」

「つかぬこと」という切り出し文句を使っていたので、「女性をうまく口説くための話し方教室はありませんか」、「人を笑わすための会話コースはありませんか」など、突飛なことを聞かれるのかと思ってしまった。

「つかぬことを伺う」とは、前の話と関係なく、出し抜けに何かを聞くときに使う文句である。

「この保健は毎月三千円の支払いですね」

「はいそうでございます」

「貯金のようにかけたお金がもどってくるのは、トクした気分になりますね」

「皆様にとても好評なんです」

「つかぬことを伺いますが、あなたも加入していらっしゃいますか？」

「はい、もちろんでございます」

以上のように、使われるものである。つまり、出し抜けに聞くのが普通の、問い合わせのときなどには不要の文句である。

「少々お伺いしたいのですが」が適当である。

上司・得意先などに説明をする際、

「ご存じないと思いますが」

という言い方をする若いビジネスマンをみかける。気づかずに使い、口グセになっているようだが、相手は自分がわかっていなくても、こういう表現をされると、内心決して愉快ではない。否定的な表現だからである。

むしろ、「ご存じのことと思いますが」と言ったほうが、相手は素直に、「いや、それが知らないんだよ。説明してくれないか」と、話を聞く態度になるものである。

相手を不快にさせない表現を心がけるのは敬語の勉強の一つでもある。

“どうも”だけでは世の中渡れない

✖「どうも」

●「どうもすみません」

先日、仕事先の会社で聞いた部長と若手社員の会話である。

「君の新製品のアイディアの企画書、よくまとまっていたね」

「どうも」

「それで、企画部長がぜひ、あの話を直接、君から聞きたいと言っていたんだ」

「どうも」

「私の部に、君のような有能な人材がいるというのはうれしいよ」

「どうも」

「今日はステーキでも食べに行かないかね」

「どうも」

部長は、きっと企画部長から「有能な部下がいてうらやましいよ」とか、「社員の能力を伸ばせるのは、あなたの素晴らしい能力だ」とかなんとか言われて、とてもうれしかったのであろう。それで、多分、「どうも」としか話せない部下に対しても、あまり嫌な気分にはならなかったのかもしれない。

そして、若手社員は、ほめられていることに照れてしまって、謙遜して「どうも」としか言えなかったのに違いない。

若い人はお礼を言うとき、「どうもありがとう」とは言わず、「どうも」と言う人が多い。「どうもすみません」と言わず、「どうも」と言う人もかなりいる。若い人同士、親しみをこめて、いろいろな意味あいを持つ、「やあ、どうも」、「どうもネ」などと使うのはいいだろう。

しかし、社会人になり、公の場やあらたまった席で、ただ「どうも」ではどうであろうか。

特に気をつけたいのは、謝るときである。「どうもすみません」と言うか、または、取引先や年配の人にはもっと丁寧に、「まことに申し訳ありません」と言うべきだ。

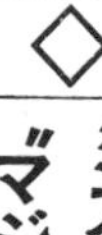

ミスをフォローする"マジック・フレーズ"

✖「契約書を忘れてしまいました。すみません」

●「契約書を忘れてしまいました。申し訳ございません」

すでに述べたように「申し訳ございません」は「マジック・フレーズ」のひとつであるが、仕事の場合、謝るときにも使用される。

「すみません」というのは、基本的に、プライベートのときや年下に謝るときに使う言葉である。もしくは、書類などを手渡すときに、落としてしまい「アッ、すみません」と、とっさに言うときに使われる。上司やお客様に対して、ほんの少しのミスをした時などにもいいであろう。しかし、大事な仕事をミスして年配者に向かって「すみません」と謝ったのでは、「仕事を何だと思っているのか」とか、「本当に反省しているのかね」と、思われてしまう。

そして、もちろん、「ごめんなさい」も仕事の場では使わないこと。「稚拙なやつだ」と思われてしまう。男性より、女性が甘えて使っているようであるが、社会人になったら、使って欲しくない言葉のひとつである。

「申し訳ございません」、「申し訳ありません」という謝り方は、非を認め、誠意を持って謝っている印象を与える。このように詫びることができれば、ミスをしても、少しはカバーできる。もちろん、お客様に対して謝るときにも同様である。

“おそれいります”では軽すぎる

「書類を忘れてしまいました。おそれいります」

●「書類を忘れてしまいました。申し訳ございません」

よく聞く言葉であるが、人に謝るとき、「書類を忘れました。おそれいります」、「昨日は会議に出席できませんでした。おそれいりました」などと言う人がいる。

相手にすまないという気持ちはわかるし、辞書にも「あやまる」という意味ものっているくらいであるが、言われたほうは、本当に悪いと思っているのかと疑ってしまう。「おそれいります」は「ちっとだけ悪いな」という程度の詫び言葉なのである。

それに、「おそれいります」は、ありがたく思う場合、恐縮するときの表現でもある。

「この間の社員旅行の幹事をやってくれてありがとう。いい社員旅行だったと部長が喜んでいたよ」と課長。

「おそれいります（ありがとうございます）」と若手社員。

または、

「先日の書類を揃えておいたよ」と部長。

「お手数をかけておそれいります」

などというときに使われている。

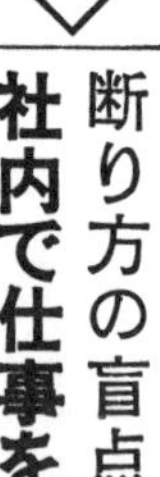

断り方の盲点①
社内で仕事を断る

「その仕事には興味がありませんので…」

●「今の仕事が忙しく時間的余裕が…」

例えば、若いながらも仕事ができるので、大がかりなプロジェクトのチーフに抜擢され、わざわざ部長から「チーフになってくれないか」と頼まれたとする。ところが、それが全然興味のないやりたくない仕事内容であった。そのとき何と部長に返事をするだろうか。

「ありがとうございます。せっかくではございますが、その仕事に興味がありませんので、辞退させていただきます。申し訳ございません」と正直に言うのがよいのか、それとも、「ありがたいお話でございますが、今やっている仕事が忙しく、もう少しかたづいてからでないと、時間的余裕がありません。申し訳ございません」と、違う理由を用いて断るほうがよいのだろうか。

どちらも、敬語をしっかり使い、丁寧にお断りの気持ちを述べているが、後者のほうが、部長の気持ちを考えて、話している。

自分が部長であったとする。そして、いい仕事のポジションを割り当てようとしたのに、「興味がない」とか、「気が向かない」とか言われたら、どんな気持ちになるであろうか。多分、いい感情は生まれてこないだろう。

本心では気が向かなかったとしても、断るのなら、直接当たりさわりのない、別の理由を述べたほうがいい。（しかし、会社員なら、本当は与えられた仕事は、すべてを引き受けるくらいの気持ちでないといけないのだが。）

また、「今晩、ひさしぶりに飲みに行きましょう」と誘われたとき、飲みに行きたくない場合でも、「今日は飲みに行きたくない」ではなく、例えば、「最近、体調がもうひとつ思わしくなくて、お酒を休んでいるのです。体の具合がよくなったら、また、一緒に行きましょう」というように、相手の気持ちを考えて話す気持ちが大切だ。

相手の身になって、話すことを忘れてはいけない。

断り方の盲点②
お客様の申し出を断る

「それはできません」

●「それはいたしかねます」

相手にとって喜ばしいことを言うときには、敬語が少しくらい乱れていても、さほど気にならないが、断るときには、言葉を慎重に選ばなければならない。

ぜひ、覚えておきたい語句のひとつに「いたしかねる」がある。

お客様から無理な注文を受けたとき、「それはできません」と言うと、言葉が強くなる。拒否のイメージが前面に出てくる言葉だ。無理なことを言われたとしても、お客様を尊重しなくてはならない。

そんなときには、「いたしかねます」と言おう。「いたしかねます」だと受ける印象が柔らかい。そして、もっと、相手を尊重するような言い方をしたいときには、言葉を少しそえるとよい。

「お客様、申し訳ございませんが、それはいたしかねます」

「大変申し訳ございませんが、それはいたしかねます」

このような言い方なら、お客様の気持ちを傷つけることなく、やんわりとお断りの気持ちが伝わるであろう。

断り方の盲点③
部下の誘いを断る時でも…

✖「忙しくてダメだ」

●「出席したいんだがどうしても…」

「つきあい上手は断り上手」という言葉がある。

会社の部長で、どんな集まりにも顔を出し、飲む席となると、どこにでも必ず姿を見せると、評判の人がいた。

それでいて、翌朝は一番に出社するので、

「よく体がもちますね」

部下は感心するが、部長に言わせると、コツは断り方にあるそうだ。

「わたしだって、全部の会合に出席している訳じゃありませんよ。結構、断ってるんですがね」

そのときの断り方が上手なのだ。部長だからといって、決して威張った態度に出ない。

「忙しくてダメだ」

こんな素気ない断り方をする上司は、つきあい下手なのである。

「すまないなァ、いつも顔を出しているんで、出席したいんだが、今回はどうしても都合がつかない、みなさんによろしく言って下さい」

丁寧語を使ってまで部長からこのように言われると、相手は部長が出席してくれたような気分になってしまう。

自分の意思を持つと同時に、それを感じよく相手に伝えることができる人は、つきあい上手なのである。

特に、断りはNOと言わなければならないだけに、不快感を与えない工夫が必要だ。心得として、

①「ありがとうございます」「申しわけありません」などの言葉から入る。いきなり、

「ムリです」

「困ります」

「できません」

などはタブー。もっとも、人から嫌われたいと思う人は、この言葉を連発するとよい。

②断りの理由を述べる。この際、あいまいな表現を避ける。

「あの……」

「実は……」

「困ったなァ」

これでは、強引な相手に押し切られてしまう。

また、上司から仕事を頼まれたとき、

「わたしには役不足で……」

という理由を持ち出す者がいるが、これでは、「まだ役職についていないからムリだ」と、受け取られかねない。

例えば断りの理由を明確にすると相手を傷つける、縁談話などは例外で、

「わたしにはもったいない人ですから」

と、にごした表現を使う。
③敬語をキチンと使う。
得意先で、昼食を誘われたときの断り方だが、以上、三つの心得をあてはめれば、答えは明らかである。

「ありがとうございます。折角のご好意を申し訳ないんですが、実は、午後一時に、約束があります。申し訳ありません」

好意を感謝し、応じられない理由を述べ、詫び言葉を加える。これなら、相手も快く納得してくれるだろう。

断り方の盲点④
安うけあい厳禁!

「わかりました、なんとかします」

「私の一存ではどうにもなりませんので…」

後輩から、こんな話を聞いた。

「知りあいに、劇団で芝居をやっている女性がいまして、あるとき、切符を三十枚ばかり売ってもらえないかと頼まれました。簡単にOKしたんですが、彼女、肝心の切符をなかなか送ってよこさないんですね。こちらも忙しさにまぎれて忘れているうちに、半年近くたちました。たまたま、六本木で彼女にばったり会ったものだから、ちょっとの時間、お茶を飲んで話をして、切符の件を思い出したので、聞いてみたところ、『あんまりあっさり引き受けてくれたんで、なんだか心配になっちゃって』ということでした。

頼まれ方って、難しいものですね」

頼まれて、あまり簡単にOKするのは考えものだ。簡単にOKしてかえって心配されたり、OKしたものの、応じられなくなったりすると、信用を落とす。慎重でなくてはいけない。

得意先で、あることについての便宜を図ってくれないかと頼まれた。それほど厄介な内容ではないし、担当者の上司まで出てきて、頼むものだから、つい、

「わかりました、なんとかしましょう」

と、答えたものの、社に戻って上司に報告すると、「わが社ではそういう便宜は図れない」とのこと。

これでは、あなたの信用は台なしになる。こういうときは、敬語をたっぷり使って、「申し訳ございません。わたしの一存ではどうにもなりませんので、社に戻りまして、上司に相談の上、今日中にご返事を差し上げたいと思います」

このように言うとよい。

先ほどのように、簡単に「わかりました」――敬語的にも間違いで、「承知いたしました」である――は、なんとしてもまずい。ここは、自分の一存で決められないことを、丁寧に話す必要がある。

断わるときには、特に、敬語を丁寧に使うように心がけなければならない。

≪よく使う動詞の敬語≫

普通語	尊敬語	丁寧な尊敬語	謙譲語
いる	いられる おられる	いらっしゃる おいでになる	おる
する	される	なさる	いたす
言う	言われる	おっしゃる	申す
行く	行かれる	いらっしゃる おいでになる	うかがう まいる
見る	見られる	ご覧になる	拝見する
会う	お会いになる	お目にかかる	お目にかかる
思う	思われる	お思いになる	存じます

来る	来られる	おいでになる いらっしゃる お見えになる	参る うかがう
尋ねる	尋ねられる	お尋ねになる	伺う
食べる	食べられる	召し上がる お食べになる	いただく 頂戴する
もらう	もらわれる	おもらいになる	頂戴する いただく
与える （やる）	お与えする	くださる	さしあげる おあげする
聞く	聞かれる	お聞きになる	伺う
知る	知られる	お知りになる ご存じになる	存じている

≪「知っている」けれど、「話せない」敬語≫

知っていますか──→ご存じですか
知りません──→存じません
知っています──→存じてます、存じあげております
聞いておきます──→お尋ねしておきます、お聞きしておきます
そうすれば──→そうしてくだされば
検討してください──→ご検討なさってくださ い
そうです──→さようでございます
電話してください──→お電話をお願いいたします
わかりました──→承知いたしました
これにしますか──→こちらにいたしますか
待ってください──→お待ちください
来たら──→おいでになりましたら
どれですか──→どれでしょうか
どうですか──→いかがでございますか
すぐ行きます──→すぐまいります
今すぐきます──→今すぐまいります

二章

【上司への敬語】

このひとことであなたは出世できない！

敬語を使って会話の流れを変える！

上司に対して、敬語の使えない人は、決して一人前の扱いをしてもらえない。敬語は相手と自分の立場の違いをうめあわせる役割がある。

部長と入社四年目の社員との会話――。

「部長さん、お忙しいところ申し訳ございませんが、ちょっとよろしいでしょうか」

「あと十分すると、お客様がいらっしゃるんだよ。急用かね」

「はい。手短にお話いたします。いま外出している吉田課長から電話がありまして、この企画書に捺印していただきたいということでした。そして、いまいらっしゃっている丸井商事の高橋様にこの書類をお渡ししたいのです」

「そうですか」

「（捺印してもらって）お忙しいところ、ありがとうございました」

「では、よろしく頼みます」

「はい、かしこまりました」

最初、部長は年の離れた部下に対して、「お客様がいらっしゃるんだよ」とか、「急用かね」

と話していた。しかし、部長の立場を立ててきちんとした敬語を使ったり、テキパキとした話し方をしているので、会話を続けているうちに、部長の心理が変わったように思う。それは、「よろしく頼みます」という丁寧語を使った言葉に表れている。部下ではあるけれど、仕事を一緒にやる一人前の人間として、認めてくれている言葉である。

もし、「お忙しいところ」と言わなかったり、敬語を使わずに友だち言葉で話していたりすれば、部長は「失礼なやつだ。忙しいからだめだ」と、取りあってくれなかったかもしれない。

敬語は、相手に対しての敬意を表現するものであり、相手との立場の違いをうめるものであるが、同時に、敬語を使うことによって、自分の人格を認めてもらえるのである。

◇職場には職場のルールあり！

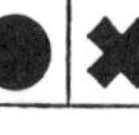

✖「部長ッ、よろしくお願いいたします」

●「部長さん、よろしくお願いいたします」

ある企業に入った男子の新入社員が研修を終え、営業部へ配属になった。そして、営業部の新入社員歓迎会の帰り道、

「部長、今日はいろいろとありがとうございました。明日からがんばります。部長、よろしくお願いいいたします」

と言ったら、部長は嫌な顔をしたそうだ。敬語は使ったし、仕事への熱意を語り、しっかりお辞儀もしたのに、何故嫌な顔をしたのか、不思議に思ったという。

次の日、さり気なく、部長の様子を伺っていたときに、ああそうかと、嫌な顔をした訳がわかったのであった。会社の先輩たちは部長のことを呼ぶときに「部長さん」とか「佐藤部長さん」と「さん」づけで呼んでいたのだ。

「社長」「部長」「課長」などは職名で敬称として用いられている。敬称であるので「さん」をつける必要はないが、会社によっては「さん」づけが習慣として用いられているところもある。

反対に、「係長」「課長」などの役職名を略して、「山田さん」、「佐藤さん」と呼ぶ会社もある。役職名は、職場の習慣を尊重して、それに従ったほうが無難である。

尊敬語と勘違いして間違うケース

（外出する上司に）
「何時ごろまいりますか」

「何時ごろいらっしゃいますか」

「まいる」は、宮廷や神社、寺などに「おまいりする」ことからきた言葉で、高貴な場所に行くときに使われた言葉である。

さて、現在、「まいる」は「くる」や「行く」の謙譲語である。「私がまいります」などと、自分の動作に使う表現なのである。

しかし、尊敬語のつもりで使っている人がたくさんいるのに驚く。上司に対して、「何時ごろ、まいりますか」は、失礼である。

「くる」の尊敬語は「おいでになる」、「行く」の尊敬語は「いらっしゃる」である。上司に対しては、尊敬語を使うのが普通である。正しくは、次のようである。

「何時ごろ、いらっしゃいますか」

「何時ごろ、おいでになりますか」

また、上司に対して、「何時ごろ、まいられますか」と言っている人もいる。これも、間違いである。

謙譲語である「まいる」に、「れる」という尊敬の助動詞をつけたのであるが、これは、尊敬語にはならない。もともとの言葉が謙譲語であるからである。

「まいる」という言葉が謙譲語であることをしっかり覚えておけば、こんな初歩的な敬語の誤りはないであろう。

「まいる」という言葉の使い方は難しいとよく聞くが、「まいる」は、自分の行為を言うときに使うということさえ覚えておけば、混乱しないであろう。

それでは、なぜ、課長と一緒にでかけるとき、「そろそろまいりませんか」という言い方より、「そろそろ、いらっしゃいませんか」と言うほうが、適切な表現であるのか。

自分も行くのであるから、謙譲語の「まいる」でよいのではないかという疑問が出てくるであろう。

この場合、「……しませんか」と呼びかけている。呼びかけは、相手の行為を誘っている訳であり、相手が主になるので、尊敬語である「いらっしゃる」を使ったほうがふさわしい。

でも、「そろそろ、いらっしゃいましょう」とは言わない。このときは、「そろそろ、まいりましょう」となる。それは、自分を主とした表現の場合であるから、謙譲語を使うべきなのだ。

「そろそろ、いらっしゃいませんか」「そろそろ、まいりましょう」――暗記するように覚えたい。

上司の行為に謙譲語を使うこんなケース

✖ （社長に会いに行く上司に）「いつごろいらっしゃいますか」

● 「いつごろまいりますか」

基本的には、上司がどこかへ行くときには、「いらっしゃる」、「おいでになる」という尊敬語を使うのであるが、謙譲語を使う場合もある。

それは、上司の行き先が、上司よりかなり上位の人や場所である場合である。それは、例えば、相手が社長、大切な取り引き先などである。

「社長室にいつごろいらっしゃいますか」ではなく、「社長室にいつごろまいりますか」と言うことによって、より社長の人格が高められる。

また、会社の大切な取り引き先である商事会社に上司が行く場合があるとする。そのとき、「三菱商事にいつごろいらっしゃいますか」ではなく、「三菱商事にいつごろまいりますか」と言うことによって、相手の会社をより高められる。

秘書が社長に向かって「三菱商事にいつごろまいりますか」と言っているのを聞いたとしても、それは、間違って使っている場合ばかりとは限らないのである。その会社の利益の半分以上が三菱商事からのものであり、大切な会社かもしれないからである。

“教える”は上から下への行為

(上司に対し)「この件についてお教えします」✖

「この件についてご説明申し上げます」●

最近は、敬語の形が変わり、細かいことまでとらわれないような傾向がある。

しかし、基本的な正しい敬語を知っているけれど最近の敬語を使っているのと、基本的なことを知らず最近の敬語を使っているのとでは、前者のほうが敬語を使いこなしていると言えるであろう。

尊敬語にはいろいろな形がある。接頭語として「お」や「ご」をつけたり、語尾に「れる」、「られる」、「なさる」をつけたりする尊敬語もある。

ところで、「教える」を尊敬語になおすと、「お教えします」になる。しかし、部下が上司に向かってこの敬語はおかしいのである。

「教える」を辞書で引いてみると、「道徳、知識、技能などを身につけるようにさせる。教授する」「教育する。さとす」とある。「教える」という言葉は、上から下へという意味あいが強いのである。

上から下への意味を持つ「教える」という動詞に敬語を使っても、尊敬の意味を表さない。

もし、自分より上の人に何かを教えたいときには、「ご説明いたします」、「ご説明申し上げます」と言うべきである。この言い方は、相手に対して敬意を表している。

しかし、さきほど述べたように、最近は敬語の形がくずれてきている。

文法的には誤りであっても、普通に使われる敬語もある。「この件について、お教えいたします」に関しては、ときどき、使われることもあるようである。

そして、「ご苦労様でした」という言葉も、若い人が上司に向かって普通に使われることがある。

労をねぎらう意味の「ご苦労様でした」というのは、上から下へのニュアンスがある。社長が部下に向かって「ご苦労であった」と言っても、部下が社長に向かって「ご苦労さまでした」というのは、本来おかしいのである。

下から上に言うときには、「お疲れ様でした」と言ったほうがよい。敬意が表現されている。言葉にうるさい人はこの点をやかましく区別する。

しかし、今の時代は上の人に向かって「ご苦労様でした」と言ってもあまり問題ないようであるが、気をつけて言ったほうがいいかもしれない。

敬語の使い方を間違えないためには、言葉の持つ意味も考えながら話さなくてはならないということである。

敬語不足で嫌な気分になることも…

×「わかりました」
●「かしこまりました」

「鈴木さん、この書類をあしたまでに片づけておいてください」と課長補佐。

「はい、わかりました」と鈴木さん。

鈴木さんの応対はよい。「はい」という返事だけではなく、「わかりました」という言葉もそえているから、これなら、課長補佐は安心して任すことができる。しかし、敬語にうるさい会社では、「わかりました」はあまりよい受け答えではないと言うかもしれない。

また、社長や歳が離れている人に向かっては「はい、わかりました」は、好ましくない。もっと丁寧な受け答えをすべきである。

「(はい)かしこまりました」、「(はい)承知いたしました」

この受け答えなら、敬意の表現が十分表れていると言える。

学生なら、校長に対して「はい、わかりました」と答えれば100点をあげてもよい。しかし、社会人なら、人によって敬語を使い分けられるようになってほしい。ただ、職場の雰囲気がフレンドリーなら、「かしこまりました」では、あまりにかしこまった言葉であろうから、そのときは、ケースバイケースである。結局、使い分けがポイントになる。

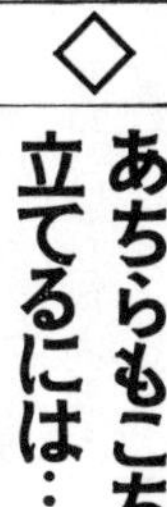

あちらもこちらも立てるには…

（課長から部長への伝言を伝える）

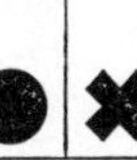

「課長が申しますには」 ✖

「課長がおっしゃいますには」 ●

敬語の難しさのひとつの面は、状況に応じて、敬語の使い方がいろいろあるということである。

例えば、部長、課長、新入社員がいたとする。そして、新入社員が、課長から部長への伝言を頼まれたとする。

「〝今日の会議は、三時から行います〟と、課長が申しておりました」

「申す」は謙譲語である。新入社員は三者の中で一番役職の高い部長を敬って、「課長が申しておりました」と言った。

しかし、課長は新入社員から見たら、上司である。部長は立てたが、課長は立てていない。

「〝今日の会議は三時から行います〟と課長がおっしゃっておりました」

この言い方が適切である。

部長は課長より立場が上であるが、新入社員にとっては課長の方が上である。また、課長と立場があまり変わらない、例えば課長補佐などの場合には、「課長が言っておりました」でもかまわない。

敬語は〃敬い〃プラス〃思いやり〃

「課長、この書類を見てください」

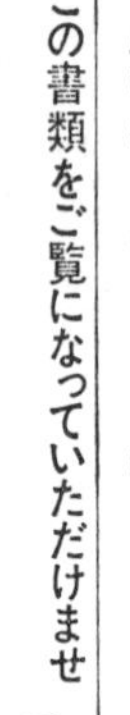

「課長、この書類をご覧になっていただけませんか」

先日、建設会社の企画課に勤める友人からこんな話を聞いた。

「ちょうど外から帰ってきて、机に向かおうとしたら、ある社員に〃課長、部長から預かったこの書類をいますぐ、拝見してください〃と言われたんだ。新入社員ならいざしらず、五年も勤めている人の言葉ですよ。いい気持ちしなかったから、〃これから、またすぐ外出だ〃と言ったよ」

この入社五年目の社員の言い方には、いくつかのよくない点がある。そのひとつは間違った敬語を使っていることだ。

新幹線などで、車掌が「乗車券を拝見します」と言ってまわってくる。「拝見する」というのは、「見る」の謙譲語である。その社員は、どういう意味で使ったのか分からない。もしかして、「見る」の尊敬語が「拝見する」であると思っていたのかもしれない。ときどき、間違える人がいるので注意しよう。

また、課長に向かって「部長からお預りしたこの書類を見てください」と言えば、課長を下にして部長を立てていると受け取るのが普通であろう。

「部長は私より偉いけれど、お前より私のほうが偉い。私のことを軽く見ているのかな」と思われてしまう。

部長から言われたとしても、自分より地位のある課長に対しては敬語を使う。「見る」の敬語は「ご覧になる」である。「課長、この書類をご覧になってください」というべきである。敬語は、相手のことを敬う表現である。それなら、この場合、「課長、この書類をご覧になってください」と言えば完璧であろうか。否である。

もう一つの問題点は、相手を思いやる心が足りないのである。

外から帰ってきて、課長は疲れているかもしれない。もしかして、課長は忙しいかもしれない。それなのに、とうとつに〝課長、部長から預かったこの書類をいますぐ、……〟はない。

「お帰りのところ申し訳ございません（申し訳ありません）が……」

「お疲れのところで申し訳ございません（申し訳ありません）が……」

「お忙しいところ申し訳ございません（申し訳ありません）が……」

これらの、ひとことを添えるだけで、受ける印象がずいぶん違ってくる。そして、指示的な形でないことが好ましい。

「課長（さん）、お帰りのところ、さっそくで申し訳ありませんが、この書類をご覧になっていただけませんか」と言えるようになりたい。

“おる”を他人に使うべからず

「課長、ここにおられたのですか」

「課長、ここにいらっしゃいましたか」

お客様がいらしたというのに、課長は席をはずしたまま。ホワイトボードにも、行先が書かれていない。社内にいるのであろうと思い、あわてて、あちこちを探した。そして、資料室に課長がいた。

「アッ、課長、ここにおられたのですか」と、その社員がしゃべったら、資料室にいた人々の視線がその社員に集中した。静かな場所でしゃべったから視線が集まったのだと思ったそうだ。

視線が集まったのは、上司に向かって、「おられたのですか」と言ったからだ。「いる」の謙譲語は「おる」である。「私はここにおります」と自分に使う言葉だ。

課長に対しては尊敬語の「いらっしゃる」か、「おいでになる」を使う。つまり、「課長、ここにおられたのですか」ではなく、「課長、ここにいらっしゃったのですか」、「課長、ここにおいでになったのですか」である。

あわてていると、普段は正しい敬語を話せていても、間違った敬語を使ってしまうことがある。多くの人は、よく考えれば話せるのであるが、理想的なのは、突然電話が鳴ったときに、スッと手が伸びるように、敬語も条件反射的に習慣づけたい。

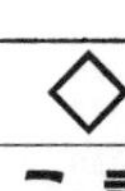

誰もが間違っている このケース

「社長が工場をご訪問されるそうです」

「社長が工場をご訪問になるそうです」

「お〜する」というのは謙譲語の形で、それに、「される」という尊敬語をつけても、尊敬の意味をなさない。

「部長、スポンサーの社長が工場をご訪問されるそうです」

「スポンサーの社長が、部長にご相談されるそうです」

「部長、スポンサーの社長の息子さんがご結婚されるということです」

以上は、すべて、文法的には間違った敬語の使い方である。しかし、敬語の表現として最近はよく使われているようであるから、それでもいいかもしれない。

それでは、順に正しい敬語に直してみよう。

「部長、スポンサーの社長が工場をご訪問なさるそうです（になるそうです）」

「スポンサーの社長が、部長にご相談なさるそうです（になるそうです）」

「部長、スポンサーの社長の息子さんがご結婚なさる（になる）ということです」

正しい敬語を知っていれば、今の時代で普通に使われている敬語に馴染んでいても、すぐ元の正しい形にもどすことができる。

◇身内への敬語は特に注意

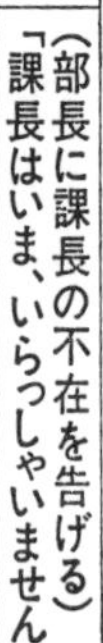

社外など、第三者に対しては、迷うことなくその第三者に敬語を使う。しかし、敬語論で、よく問題になるのは、職場の身内の待遇の仕方についてである。

部長から自分の課の課長の所在の有無を尋ねられたとき、①いらっしゃいません②おりません、のどちらがよいだろうか、という敬語アンケート（役付と一般に分けてリサーチ）によると、

役付　①いらっしゃいません　（約五〇％の人が支持）
　　　②おりません　（約四五％の人が支持）

一般　①いらっしゃいません　（約三〇％の人が支持）
　　　②おりません　（約六〇％の人が支持）

という結果が出てきている。

「おりません」でも、「いらっしゃいません」でも、相手の部長に対しての丁寧度には変わりがない。あとは、部長と課長の関係、課長とあなたの関係を考えるということである。

新入社員なら、「おりません」より、「いらっしゃいません」のほうが適切であろう。

上下関係を重んじる（自分より上の人はどんなときも上というような）会社であれば、「おりません」は、課長に対して失礼だから、「いらっしゃいません」という言い方がいいだろう。また、部長と課長と、役職にさほど差をつけない会社なら、「いらっしゃいません」でいいかもしれない。さらに、部長と課長が親戚であるときにも、「おりません」より「いらっしゃいません」の方がいい。しかし、相手が部長であるなら、職場の身内である課長に尊敬語の「いらっしゃいません」と言うのはおかしなことだ。基本的な考え方としては、この場合は、「おりません」と答えるのが適当であろう。しかし、いろいろな会社のしきたりとか、考え方、状況などがからまってくるので、断言はできない問題である。

役づきの人ほど敬語に敏感

(部長に課長の外出を告げる)

「課長はいま、おでかけです」

●「課長はいま、でかけております」

部長に、課長が外出していることを言うときの敬語も、前の問題と同様に難しい。敬語論的には、「今、でかけております」と、身内敬語を使うとされているが、現実には、「今、おでかけです」と、尊敬語を使ったほうが丁寧かもしれない。

やはり、ある「敬語アンケート」を見てみると、一般では約七〇％の人が「でかけております」を支持しているのに対して、役付では五五％の人しか支持していない。(「おでかけです」は一般の人の支持は約三〇％、役付の人は約四〇％)

こういう場合の敬語の使い方は職場によって違うであろうし、部長と課長の関係や課長と話し手の関係によっても変わってくるので、ハッキリ断言できない。

しかし、「職場の身内といえども、上司は部下に対しては、敬意のこもった形を要求している」ということだけは言える。

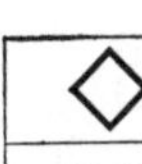

同じ役職、どちらを立てる

（課長の伝言を他の課長に伝える）

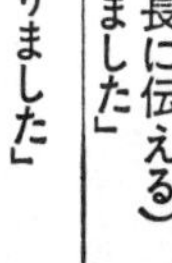
「鈴木課長がおっしゃいました」

「鈴木課長が申しておりました」

「言う」の尊敬語は「おっしゃる」、謙譲語は「申す」である。同じ課の課長の伝言を他の課の課長に伝えるとき、「……と課長が申しておりました」と身内敬語が使われるとされている。

他の課の課長と、上役の課長との年齢や待遇によっても異なるが、ここは、「申しておりました」と言うのがいい。

自分が他の課長の立場であると思ってみよう。「鈴木課長がおっしゃっていました」と言われたとしたら、どんな気持ちになるであろうか。多分、「同じ役職であるのに、私より、自分の課長を尊敬しているな」と思うに違いない。

しかし、「鈴木課長が申しておりました」と言われれば、「そうか、あの人も課長であるけれど、私を立てているな」と思うだろう。

尊敬語を使うか、謙譲語を使うか、というのは、状況、人間関係、年齢などいろいろなことがからみあっている。こちらの方が正しい、と、断言できる敬語は、自分自身だけのことを言う謙譲語と、二者の場合で相手のことだけを言う尊敬語くらいのものである。それだけに敬語の仕組みを知ると同時に、状況をしっかり把握して使い分けていかなければならない。

“申して”“おっしゃって”どちらを使う？

（課長の伝言を他の課長に伝える）

「ホールに来るようにとおっしゃっていました」

●「～来られるようにと申しておりました」

前の敬語の応用問題のようであるが、もう少し表現を長くしてみよう。やはり、直属の上司である課長から、違う課の課長に伝言を頼まれたとする。

「鈴木課長がホールに来るようにと、おっしゃっていました」

これは、「ホールに来るように」という部分が誤りである。他の課長は、原則として自分よりも年が上である。それなのに、尊敬語ではなく、普通語の「来る」を使っている。また、もしかして、自分の課長のほうが年が上で、待遇がよいのかもしれないが、課長という立場は同じである。やはり、「ホールに来られるように」と尊敬語を使うべきである。

そして、「おっしゃっていました」の部分に関しては、敬語論的には、「申しておりました」であるので、「鈴木課長がホールに来られるようにと、申しておりました」が、よいとされる。

しかし、何度も言うようであるが、「おっしゃっていました」でも間違いではない。この場合は、二者を立てて、「鈴木課長がホールに来られるようにと、おっしゃっていました」でもいいいと思う。

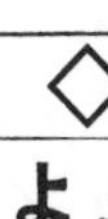

上司・年長者への敬語はより丁寧に

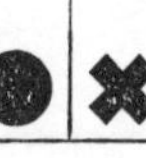

✖（課長が説明に行く、と部長に伝える）「課長が説明に行きます」

●「課長が説明に伺います」

「行く」というのは、普通語である。「課長が説明に行きます」というのは、尊敬語でも謙譲語でもないのだ。つまり、敬語を使っているのではない。

一般の社員が課長の伝言を部長に伝えるとき、敬語論的には、課長は職場の身内であるから、謙譲語を使うとされている。すると、「行く」の謙譲語は、「伺う」であるから、「課長が説明に伺います」になる。

次のどれが好ましいかという「敬語アンケート」の結果を見てみよう。

A「課長が説明に行きます」
B「課長が説明に行かれます」
C「課長がご説明に伺います」
D「課長が説明に伺います」

役付、一般ともに約五〇%の人が、D「課長が説明に伺います」を選んだ。次に多いのが、C「課長がご説明に伺います」で二〇〜三〇%と続き、B「課長が説明に行かれます」が約一五%であった。

「課長がご説明に伺います」というのは、説明する人が課長であり、説明を受ける人が部長であるので、より、丁寧な表現である。年の離れている人に伝言を伝える場合は、この形がいいだろう。

「課長が説明に行かれます」は、「行く」＋「れる」の形での敬語表現である。この形は、アッサリとした敬語という印象を与える。

Aの「課長が説明に行きます」以外は、敬語を使っているのである。断言はできないが、私としては「課長が説明に伺います」ぐらいが一番ピッタリくるが、職場環境、人間関係によって、変わるであろう。

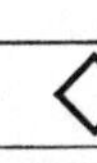

ちょっとした間違いで怒りをかう事も

（上司に対し）

✖「忘年会にご参加してください」

●「忘年会にご参加になってください」

去年の暮れ、事務所で書きものをしていたけれど、なかなかはかどらず、イライラしていたことがあった。そんなとき、ある団体の忘年会の誘いの電話がきた。

「福田先生でいらっしゃいますか。御無沙汰しております。ところで、ぜひ、先生に忘年会にご参加していただきたいと思い電話しました」

普段、あまりきついことを言うことがない（もちろん、おさえているのだけれど）私は、めずらしく大きな声を上げてしまった。

「〝ご参加していただきたい〟はないだろう！　あいにく、その日は仕事が入っているんだ。参加できないよ」

「ご〜する」は謙譲語である。尊敬語で表現すれば、「ご参加ください」である。

気分がいいときは、敬語の誤りを聞き流せる。しかし、虫の居所が悪いときには、ちょっとした敬語の間違いにカチンときてしまうのだ。基本的な敬語はいつでも話せるようにしていないと、相手を怒らすもとになる。

“いたす”は自分にしか使わないこと

(上司に対し)
「上司の方が折り目正しくいたしませんと…」

「～折り目正しくなさいませんと…」

「いたす」は「する」の謙譲語である。自分の行為を表現するときに使う。例えば、「私がそれをいたします」、「私が発表をいたします」、「私が掃除をいたします」などと使う。

上司に対して、「折目正しくいたしませんと」というのは、敬語的に失礼である。さらに、上司に対して、忠告めいたことを言うのであるから、なおさら気をつけなくてはならない。相手にとって、いいことやうれしいことを言う場合、少しくらい間違った敬語を使っても、さほど気にならないかもしれない。しかし、喜ばしくないことを言うときには、言葉に注意しなくては、相手を傷つけてしまう。

本来は、肯定的に話すのがよい話し方であるが、否定的なことを言わなくてはならないこともある。そんなときには、敬語に十分注意しよう。

さて、尊敬の意味を表したいのなら、「なさる」である。「折目正しくなさいませんと……」と言うのが正しい。

また、年齢が近いときや、かしこまりすぎるとよくないときには、普通語の「する」を使って、「折目正しくしませんと……」くらいでもいいかもしれない。

本当にわかっているのでしょうか？

✖ （上司に対し）「わかっています」

● 「わかっております」

あなたが社長や部長だったとして、新入社員から、「その件に関して、十分わかっています」と言われるのと、「その件に関して、十分わかっております」と言われるのと、どちらがいいであろうか。多分、「その件に関して、十分わかっております」と言われたほうがいいに違いない。

それは、心は相手を尊敬していても、「わかっています」と表現するか、「わかっております」と言うかで受ける印象がだいぶ違うからである。

「〜ている」を丁寧にした形が、「〜ています」である。それをもっと丁寧に表現すると、「〜ております」だ。社会人になったら「〜おります」がサッと出てくることが好ましい。そして、年齢が離れていればいるほど、「〜おります」のように丁寧な表現を使ったほうがよい場合が多い。

敬語というのは、敬意を表す働きがある。敬意を表されれば、人間の心理として、心地よい気分になる。そして、敬語を使った本人と言われた人とのコミュニケーションがうまく回転するのである。人間関係をよくするのなら、惜しまずに敬語を使いたいものである。

◇相手の気分を損ねるきつい表現

（上司に対し）

「その書類を取ってくれませんか」

「その書類を取っていただけないでしょうか」

課長の坐っている場所の後ろに、書類が置いてあったとする。本当は自分で取りたいのだが、課長が坐っていたり、そばにたくさん物が置いてあったりで、自分で取るのは難しい状況にある。

そのとき、「課長、その書類を取ってくれませんか」と言うのはよくない。「くれませんか」とは、自分のために相手が何かをするのを要求する言葉である。せいぜい先輩ぐらいまでで、上司に対しては使ってはいけない。

「課長、すみません。その書類を取っていただけないでしょうか」

こんな言い方をしたほうがよい。課長は忙しいかもしれない。「取って欲しい」と言われて、心の中では「面倒だなあ」と思っているかもしれない。その気持ちを和らげる言葉が「すみません」である。もっと丁寧に表現したかったら、「申し訳ございません」である。

すでに述べた「申し訳ございません」などのマジック・フレーズは、どんどん使って欲しい。このひとことで相手の気分がなごむ。

そして、「いただけないでしょうか」という頼み方はソフトである。上司に何かを頼むとき、上司の意志を尊重するような表現が好ましい。

こちらから何かをしてあげるときにも「やってあげているんだ」という表現を取ってはいけないが、ものを頼むときには、よりいっそう気をつけないと、相手に対して失礼になる。

丁度、この原稿を書いている最中、事務所にいた若い後輩が、私のすぐ後ろの窓をさして、「ちょっと、窓を閉めてくれませんか」と言った。

窓からは初夏の風が心地よく吹き込んでくるのと、「ちょっと」の言葉にひっかかって、私は、

「自分で閉めたら？」

と小声でつぶやきながら、立ち上がって窓を半分閉めた。

肩書きほど怖いものはない！

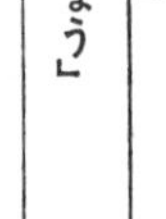
（部長代理に対し）「代理、いかがいたしましょう」

「中川さん、いかがいたしましょう」

一般論で言えば、「社長」、「専務」、「部長」、「課長」、「先生」などの職名、役名に「さん」をつける必要はない。社内では「課長、この件は……」などとしてよい。

しかし、職場の慣例があり、「課長さん」のほうが好ましいとされている会社もあるので、職場によって、いろいろであるというのはすでに述べた通りである。

また、社外の人に対して、「社長」、「課長」というのは、あまり好ましくない。それで、「さん」をつけて、「社長さん」、「課長さん」と言う人もいるが、そのような言い方よりも、「社長の田中さん」、「課長の鈴木さん」というように呼んだほうがいい。

さて、職名には、その他、「部長代理」とか、「課長補佐」とかいうものもある。

ある会社の新入女子社員から聞いた話である。

「課長代理の高橋さんという方がいました。会社ではみんな、役職に〝さん〟をつけないので、私は最初〝課長代理〟と呼んでいました。しかし、先輩たちが〝代理、お願いいたします〟と〝代理〟と言うので、私も〝代理、どうしたらいいでしょうか〟と声をかけたのです。そうしたら、〝君まで、私をバカにしているのかね〟と言われました」

つまり、高橋課長代理は、普段から「代理」と言われるのが嫌だったのだ。課長待遇なのに、まるで、課長ではないような呼び方であると気にしていたのである。そして、新人からも「代理」と言われて、多分「ムッ」としたのであろう。この場合、多分、〃課長代理〃と言ったほうがいいであろう。

そして、「部長補佐、いかがでしょう」と言って、部長補佐に嫌な顔をされたという会社員もいた。この場合も、「補佐」を強調しているようで、本人はいい気持ちがしなかったのであろう。

一般に、役職に「代理」とか、「補佐」という言葉がついている場合は厄介である。「部長補佐」、「課長代理」と習慣で言わせている企業もある。「部長補佐」、「課長代理」では呼びにくいといって、職場では「補佐」、「代理」と呼ばせている会社もある。そして、本人が「そういうものだ」と思っている場合はそれでよい。

さらに、「部長補佐」でも、部長待遇だというので、「部長」と昇格させて呼んでいるところもある。

社風を重んじるのが一番であるが、呼び方が一定していないような会社では、どう呼んだらいいのか、迷ってしまうであろう。そんなときは、「中川さん」というように、「さん」で呼ぶようにしている会社が次第に増えている。

年下のくせに生意気な！

（年上の部下に対し）

✖「松本君、書類ここに置くよ」

●「松本さん、書類ここに置きますよ」

今まで、日本の会社は年功序列であった。最近は、能力主義になりつつあり、年が若くても出世できる会社も出てきた。そこで、困るのは、名前の呼び方である。

年が上で、役職も上なら、問題はない。しかし、年が下で、役職が上の場合、どう呼んだらいいのであろうか。

基本的には、年下で役職が上の人に対しても、年上で役職が低い人に対しても、「さん」づけが基本である。

もし、あなたが、年下で役職が上の人に「おい、田中君」と言われたらどんな気持ちになるだろうか。多分、「役職は上だけれど、年下なのに生意気だなあ」と思うだろう。

また、もし、あなたが、年上なのに役職の低い人から「おい、鈴木君」と言われたらどんな気持ちがするであろうか。多分、「年上であるが〝君〟で呼ばれるのは仕方ないかもしれないけれど、私のほうが役職が上なんだ」と思うだろう。

結論として、相手の立場に立って考えれば、おのずと、どう呼んだらよいかわかると思う。

「さん」を原則にしよう。

人の呼び方は〝さん〟が大原則

(年配の女性が年下の上司に)
「飯田君、確認お願いね」

「飯田さん、確認お願いします」

働く女性が増え、結婚しても、子どもを産んでも仕事を続ける人が多い。

しかし、今のところ、女性のほうが昇進が遅い。長く働いていると、男性との差がつくようである。

そこで、また、名前の呼び方について問題が出てくる。ある大手デパートに勤める男性の話である。

「もう、まいってしまうよ。女性が多い職場だから、扱いが大変なんだよ。ひとりをほめると、〝きっと、彼女のことが好きなのよ〟と言われるし……。

さらに、困るのは名前の呼び方なんだ。役職は僕のほうが上だけれど、年上の女性に、親しみをこめて「須藤君、これを片づけておいて」と言ったんだ。すると、彼女はプイッとしてしまった。〝君〟と言ったのが悪かったんだ」

さらに、銀行に勤める女性に「名前の呼び方」について聞いてみたことがある。

「私は入社して十年目になるけれど、この間、男子の新入社員に仕事を教えたとき、〝平田君、ここは、こうするのよ〟と言ってしまったんです。そうしたら、平田さんがヘンな顔をしたんですね。いつもは、誰に対しても〝さん〟と呼んでいるのですけれど、彼に対して先輩づらをしてしまったために、〝君〟という呼び方が自然に出てきたのだと思います」

「君」という呼び方は、言うほうから見たら、「親しみの情」の表現かもしれない。しかし、言われたほうは、「バカにされているのかな」という感情が生まれることもある。

ふたりの例から見ても、いやどんな場合でも、仕事では、人を呼ぶとき「さん」で呼ぶことが大切である。

また、お酒の席で、無礼講（上下の別をたてず、礼をすてて する会合や宴会）という飲み方がある。親睦をはかるために、ある程度、親しく飲むことは必要である。しかし、節度があるのだ。若い人が間違えてしまうのは、節度の限度である。

いくら、無礼講であるといっても、先輩の膝にもたれかかったり、「おい、山田君、あれ、山田さんか。酒、ついでくれない？」などと言っては失礼だ。

堅苦しすぎるのも、「あの人は自分の本当の姿を見せない。心を開いていないのだ」と言われる原因になる。けれども、友だちに接するようにしてはいけない、というのも事実である。

◇ 部下に対しても丁寧語を

「おい、車の用意をしておけよ！」
「車の用意をお願いします」

ある一流企業に、講演に行ったときのことである。講演が終わり、人事部の入り口にあるソファで部長と話をしていた。

後ろのほうで誰かが、部下に命令する声が聞こえてきた。

「おい、福田先生の車を用意しておけよ」

ちょうど、お茶を飲んでいたときであったので、びっくりして、ゴックリ飲み込んでしまった。私に対しては丁寧に接する人々であるが、部下に対して、「おい」という呼び方、「用意をしておけよ」というモノの頼み方をこの会社ではいつもしているのであろうか。

「おい、福田先生の車を用意しておけよ」なんて聞くと、私に対して、雑な扱いをしているのかなと思ってしまう。せめて、許せる範囲で、「高橋君、車をよろしく」くらいにしてもらいたい。

でも、理想的に言えば、「車の用意をお願いします」と、部下に対しても、丁寧語でしゃべって欲しい。

そのほうが、第三者の耳にも印象がずっとよい。

部下に〝思いやり〟を表現

✖「これをコピーしてくれ！」
●「これをコピーしてください」

年齢や役職の高い人に対しては、尊敬語や丁寧語で話すというのが礼儀である。では、部下に対してはどうであろうか。

部下に対しては、普通語か、場合によっては（ものを頼むときなど）、丁寧語で話すことが好ましい。

いくつかのバリエーションで上司と部下の会話を扱ってみよう。

「おい、次にこれをやってくれ」
「はい、かしこまりました」

この会話は乱暴なしゃべり方をする上司と敬語を使う部下の会話である。

上司の性格によっては、こういう言い方がピッタリくる人もいる。しかし、一般的には好ましくない。

「伊藤さん、次にこれをしてください」
「はい、かしこまりました」

普通語を使う上司と敬語を使う部下の会話である。多分、多くの人がこんな言い方をするであろう。通常はこの言い方でいいと思う。

「伊藤さん、急ぎの仕事がなければ、次にこれをやってください」

「はい、かしこまりました」

丁寧にしゃべる上司と敬語を使う部下の会話である。部下にとっては、このような頼まれ方が好ましいと思うであろう。

それは、部下だから命令されるのは仕方ないことであるけれど、部下の立場や人格を尊重している話し方であるからだ。

基本的に、上司は部下に対して乱暴なしゃべり方であっても許される。しかし、それがいいかと言えば、否、である。

特に、何かを頼む場合、丁寧語か普通語がよい。そのほうが、部下はこころよく動いてくれる。

そして、部下も人間であるということを尊重しているなら、「相手を思いやる気持ち」を多少は表現したい。例えば、「今、手があいていますか」、「急ぎの仕事がありますか」とひとこと言うだけで、受ける印象がずいぶん違う。「私の立場も尊重してくれているのだな」と思う。

このひとことで、部下は部長を尊敬するだろう。

上司は友だちじゃない

（上司に対し）
「あそこはたいしたことないよ」

●
「あそこは大丈夫でしょう」

上司に対して、尊敬語か丁寧語で話すのが基本であるということは、誰でも知っていると思う。しかし、仕事以外のプライベートな会話に対しては、そんなに気にとめない人が多いかもしれない。

仲の良い上司と部下が会社の帰り道に一緒になった。そのときの会話の一部である。

「あそこの道、車混んでいるかなあ」と上司。

「ああ、あそこだったら、たいしたことないよ」と部下。

学校時代の友だちなら、プライベートでこんな会話をしてもいい。でも、仲のよい上司と部下であっても、そして、仕事の場を離れたとしても、ここまでの友だち言葉はよくない。上司に対して、失礼だ。

上司がフランクに話しかけてきても、こちらは、やはり、最小限の敬語は使うべきである。

「あそこの道、車混んでいるかなあ」と聞かれても、

「あそこは、大丈夫でしょう」くらいの丁寧さが欲しい。

どんな時でも"うち"と"そと"の区別を

(お客様の前で)「課長はもうお見えになっていますか?」

●「課長はもう戻って来ましたか」

「うち」と「そと」をはっきり区別して、厳格に敬語の使い分けをするのが日本語の特徴になっている。すでに述べたように、「うちの会社」の人たちには、社外の人に向かって敬語を使わない。社内においては、自分の課や係の者には他課の人に向かって敬語を使用しない。

さて、来客があって、同僚二人と、そのお客に接している場面でのことだ。実は、上司の課長をまじえて、三人でお客様に応対することになっているが、まだ、課長が姿を現わさない。

どうしたのか気になって同僚に、

「課長はもうお見えになっていますか」

と、声をかけた。目の前のお客が、「あれ?」という顔をした。「お見えになる」は尊敬語であるから、客である自分の前での言葉遣いとして、異和感を覚えたからである。お客を意識して、「です」「ます」で話すのはよいが、「お見えになる」は誤用となる。

「課長はもう戻ってきましたか」

と、言うのがよい。

さて、課長を呼びに行き、一緒にやってきて、

「課長をお連れしました」

これも、うっかり言いやすい間違いである。ここでは、身内に尊敬語を使わずに、

「お待たせしました。課長の吉田です」

と、紹介の形に言いかえればスムーズに行く。

よくある例だが、「そと」から上司宛に電話がかかってきたが、あいにく上司は席にいない。そんな時は「申し訳ありません、吉田は只今席を外しております」と、上司は身内なので敬語を使わない。

ところが、たまたま上司の奥さんから電話で、それを受けた女子社員が、「吉田は外出しております」と敬語抜きで話して、「あなた、どなた。ウチの人とどういう関係なの」と、とんだ誤解を受けたという例がある。

相手が奥さんなら、敬語を使わなければおかしいのは、言うまでもないことだ。

慣用句をむりやり敬語化すると…

✖「社長は腹をお立てになっておられる」

●「腹を立てておられる」

ある中小企業の社員が社長のご立腹の表情を見て、後輩に「社長は、お腹をお立てになっておられる」といって、ゲラゲラ笑われてしまったそうだ。

そして、笑われた社員は、なぜなのかわからず、キョトンとしていたという。まるで、笑い話に出てくる話である。

さて、いくつかの単語から成り立っている慣用句というものがある。

それは、言葉が結びついて、ひとつの意味をなすものだ。

つまり、単語を切り離して、一部分を敬語化することはできないのである。

「腹を立てる」は、「怒っている」ことを意味する慣用句である。これを敬語にするとしたら、「腹を立てておられる」になる。

いくら目上の偉い人であっても、「お腹を立てる」、「腹をお立てになる」、「お腹をお立てになる」ではおかしいのだ。

ときどき、こんな笑い話めいた失敗例があるが、現実となると、笑ってすまされることではない。

むりやり敬語化するより言いかえを

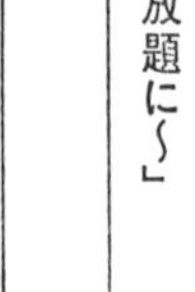

「社長、おっしゃりたい放題に〜」

「率直なご意見を〜」

毎週月曜日に行われている会議の席で、いつもはニコニコしている社長が、ある日、むっつり機嫌悪そうにしていたそうだ。進行役の部長は、とても気になって社長に、言葉をかけた。

「それでは、社長のご意見を伺いたいので、どうぞ、おっしゃりたい放題にご発言ください。よろしくお願いいたします」

部長は気をきかせたのかもしれないが、社長は眉毛をピクピクさせて、「おっしゃりたい放題はないだろう。ちゃんとした日本語をしゃべりなさい。最近、会社の評判が落ちているそうだ。先日、耳にした話だが……」と、かえって、機嫌を悪くさせてしまった。

気分のいいときは、人のしゃべり方など、細かいことは気にならないものである。しかし、嫌なことがあったときや落ち込んでいるとき、人の言葉がひっかかることがある。

多分、進行役の部長は、社長に向かって「言いたい放題」と言いづらく、「おっしゃりたい放題」と言ったのであろう。「思う存分にする」とか、「勝手気ままさ」という意味を持つ、「放題」は、尊敬語の「おっしゃる」とはなじまない言葉なのである。

「言いたい放題」と言いづらいのなら、「率直なご意見」と言ったらいいと思う。

《社内敬語はプロ野球スタイルがよい》

年功序列制度のもとに、タテの序列がいきわたっていた日本の会社も、次第に強固な壁がくずれはじめている。

そこで問題になるのは、敬語を使う際、年齢と役職のどちらに重きをおくか、である。年上だけれども、役職が下の相手には、「○○君」と呼んでもさしつかえないものかどうかが、一例としてあげられる。

角力（すもう）の世界では、年齢に関係なく、番付けが優先する。二十一歳で大関の力士は、相手が三十歳でも、小結ならば、一切敬語を使わなくてもよい。

個人の実力だけが勝負の世界であるから、当然といえば当然である。

一方、親方に対しては、横綱であっても、絶対に服従というのは、周知のとおり。

さて、プロ野球の世界では、敬語の使用に限っては、年功序列にしたがっている。

年が下であれば、実力・実績でまさっていても、相手に敬語を使わなければならない。

かつて現役の時、清原選手は、ヤクルトにいた長島二世に対して、「長島さん」と呼んでいたようである。

野球のようにチームワークが重視されるスポーツは、個人の実力だけでは、チームの結束力がたかまらないからであろう。

職場も、仕事は人間関係が中心になる。従って、実力だけでなく、年齢の上の者は、「○○さん」と呼ぶべきなのである。

三章

【接客・応対の敬語】

お客様の印象をグッと良くする敬語術

かなり意識して使わないと間違うケース

「お客様はもう伺ったと思いますが」

「お客様はもうお聞きになったと思いますが」

「聞く」という敬語は、シチュエーションが複雑になることもあるので、かなり、意識して使わないと間違いやすい敬語のひとつである。

例えば、前にも述べてあるが、課長から部長への伝言を頼まれたときなど三者（部長、課長、自分）の「上下の関係」、社外、社内の人といった三者（部長、社外の人、自分）の「内外の関係」によって、どのように「聞く」という敬語を使わなくてはいけないか、判断しなくてはならないからだ。

しかし、「聞く」という敬語は、お客様と自分だけの会話では、「お客様が上」ということだけ考えればいいので、簡単だ。

「聞く」の尊敬語は、基本的な「お〜なる」の形である「お聞きになる」である。謙譲語は、「伺う」である。

「お客さまはもう、お聞きになりましたか」

「はい、伺っております」

これが、正しい会話である。

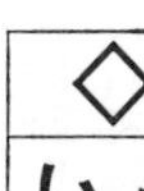

"伺う""承る"の微妙な違い

「部長のかわりに私が聞いておきます」

●「部長がおりませんので私が承ります」

「聞く」の謙譲語には、「伺う」のほか、「承る」というものもある。

「部長の鈴木さんはいらっしゃいますか」と、お客様が来社されたのに、部長が外出しているときなど、「部長がおりませんので、もし、よろしければ、私が代わりにご用件を承ります」などと、「聞く」という謙譲語に使われている。

この場合、「承る」ではなく、「よろしければ、私が代わりにご用件をお伺いいたします」と「お伺い」を使ってもよい。

しかし、「伺う」と「承る」では、多少違うニュアンスがある。相手からなんらかの情報が欲しいとき、「そのお話を伺いたいのですが」とは使っても、「その話を承っておきたいのですが」とは言わない。

あまり、細かいことにこだわってしまうと、しゃべることが恐くなってしまう。しかし、言葉の意味あいを考えながらしゃべることは大切である。

駅に〝くれば〟間にあう?

「今すぐまいられれば電車に間にあいます」

●「今すぐいらっしゃれば〜」

打ちあわせをしていて、アッという間に十一時をまわり、最終電車の時間が近づいていたときに、若い編集者が言った。

「福田先生、今すぐ駅にまいられれば、最終電車に間にあうと思います。今日は遅くまでありがとうございました」

これは、まったくおかしい意味の言葉である。「まいる」というのは、「くる」の謙譲語である。編集者は「駅にくれば、最終電車に間にあう」と言っていたのだ。ふたりとも、駅から離れている場所で打ちあわせをしていたのに、「駅にくる」というのはおかしい。

さらに、「くる」の尊敬語は「おいでになる」である。そして、丁寧語は「きます」である。尊敬語も丁寧語も使っていない。

「今すぐ駅に行けば、電車に間にあう」を敬語になおすと、「今すぐ駅にいらっしゃれば、電車に間にあいます」である。

「行く」の尊敬語は「いらっしゃる」、謙譲語は「伺う」である。そして、丁寧語は「行きます」、「伺います」なのである。

◇ "丁寧に"という気持ちはよくわかるけど…

✖ 「お客様がおっしゃられたとおりにお伝えしておきます」

● 「お客様がおっしゃったとおりに〜」

受付などに伝言を頼むことがある。

「部長の鈴木さんはいらっしゃいますか」

「申し訳ございません。ただいま外出しております。私でよければ、伝言を承ります」

「ありがとう。それでは、ちょっと長い伝言ですけれど……と、お伝えください」

「かしこまりました。……（復唱して）というご伝言ですね」

「はい。それでは失礼いたします」

「福田様のおっしゃられたとおりに、お伝えしておきます」

伝言を復唱しているし、長い伝言でちゃんと伝わるかなと思う気持ちを見抜いてくれて、最後に「おっしゃられたとおりに、お伝えいたしておきます」と安心させてくれた。しかし、「おっしゃられた」というのは、ちょっとおかしい。この部分の言葉遣いだけなおせば、ほぼ完璧である。「おっしゃられた」は、「おっしゃる」と「られる」の二重敬語である。丁寧にしゃべろうという気持ちはわかるが、くどい言い方である。「おっしゃったとおり、お伝えしておきます」が正しい敬語である。

たとえあなたが社長でも！

「そろそろご用意してください」

「そろそろご用意なさってください」

「日本語はむずかしいなあ。社内の人事研修担当になってからはじめて、日本語のむずかしさを知ったよ。とくに、敬語の使い方だね。教育のためにいろいろな先生をお招きして講義や研修をやってもらうのだけれど、先生に対して、謙譲語と尊敬語を間違えて言ってしまったり……。とくに、〝用意〟という使い方に苦労したよ」

この間、ひさしぶりに友人と飲んだときこぼしていたのを思い出した。そういえば、私は研修担当の人と接することが多いが、「用意」の使い方を間違えている人がたくさんいると思う。

「社内マニュアルはこちらでご用意いたしますが、話し方マニュアルはそちらでご用意してください」

この言い方は謙譲語と尊敬語が反対に使われている。正しく言いなおしてみよう。

「社内マニュアルはこちらでご用意しますが、話し方マニュアルはそちらでご用意なさってください」

「ご用意する」は尊敬語ではなく、謙譲語である。「ご用意する」は、話し手が自分の動作について用い、間接的にその動作の相手を尊敬する働きを持つ。謙譲語の「ご用意する」に「ください」という尊敬語をつけても、尊敬語としての意味をなさない。

「そちらでご用意してください」は「そちらでご用意なさってください」、または「ご用意ください」、「用意してください」である。

そして、自分の動作を言っている、「こちらでご用意いたします」は「こちらでご用意します」と簡略に言えばスッキリする。

講演の時間になって、係の人が講演者を呼びにくるときには、「先生、そろそろご用意なさってください」である。たとえ、社長みずから、講演者を呼びにくるときでも、同様である。

社長さんは偉いが、お客様はもっと偉いのである。

年配の女性に多い間違い

「営業部まで伺ってください」

「営業部までいらっしゃってください」

「聞く」の謙譲語は「伺う」であるが、「行く」の謙譲語も「伺う」である。そして、「行く」の尊敬語が「いらっしゃる」である。

これは、比較的、年配の女性に間違って使っている人が多い。次の会話は、東京駅で耳にした年配の女性同士の会話である。

「すみません。この電車は千葉県の外房の御宿まで行きますか」

「ごめんなさい。わたくし、よくわかりません。あそこに駅員室がありますので、伺って(行く)みたほうが……」

「ありがとうございます」

「伺ってみたほうが……」は、「いらっしゃったほうが……」か、「お聞きになったほうが……」と言いかえるべきである。

見知らぬ人が間違った敬語を使っていても、「この人は、敬語の使い方がなっていないな」と思うだけですむが、会社にいらしたお客様に対しては、それだけではすまないことがある。

お客様が「なんだ、この会社は！」と憤慨し、取引をやめてしまうかもしれない。

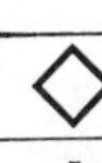

まるで侵入者扱い!

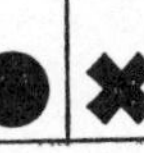

✖「なんの用ですか」

●「どんなご用件でしょうか」

打ちあわせである企業に行ったときのことである。約束の時間は三時。まだ、十分ほど前なので、人事課の部屋の入り口にある、小さいロビーにうろうろ立っていた。

「なんの用ですか」と後ろから声をかけられたので、ギョッとして振り返ってみると、若い男性が立っていた。思わず、「約束をちゃんとしておりますので、ご安心ください」と言ってしまった。

あまりにも、唐突に言われたし、「なんの用ですか」と、まるで「本当に用事があってきているのか」と疑われたような気がしたからである。

お客様がいらして迷われているのを助けてあげようと思っているのなら、「なんの用ですか」はない。「どんなご用件でいらっしゃいますか」である。

それより、もっと丁寧な言い方は、「いらっしゃいませ。どのようなご用件でしょうか」だ。「いらっしゃいませ」と一言添えるだけで、「私は歓迎されている」というイメージが伝わってくる。

なぜ客が〝拝借〟しなくちゃならない？

「企画部で拝借してください」

「企画部でお借りになってください」

広告代理店に勤めている五十歳近い友人がいる。新しいタイプのドライヤー製品が発売されたということで、電器会社に行ったのであるが、頭にくる思いをして帰ってきたそうだ。

受付嬢に「ドライヤーの新製品ができたということで、伺いました」と言ったら、「拝借の件ですか」と訪ねられたそうだ。そして、「ええ」と答えたら、受付嬢は「その製品は、五階にあります企画部で拝借してください」と言ったという。

その受付嬢の年齢は二十歳くらいだったようだ。自分の娘くらいの女性が「拝借の件ですか」、「拝借してください」という言葉をわざと使っているのでないことは、十分承知しているけれど、それでも、失礼だ、と思ったそうだ。

「借りる」の謙譲語が「拝借する」や「お借りする」、尊敬語は「お借りになる」である。

若い人にとっては、「拝借する」というと、なんだか丁寧な言葉のように聞こえるのかもしれないが、これはあくまで、自分の行為、身内の行為のときに使われる。

また、「お借りする」は、自分が借りるという行為をするのであるが、相手の物に関してなので、相手を尊重して、「お〜する」の形になる。

人に向かって〝拝見〟とは！

「パンフレットを拝見されましたか」
●「パンフレットをご覧いただけましたか」

「こちらのクーラーは最新型でございます。パンフレットを拝見されればわかると思いますが、他のと比べて、経済的な上、とても強力なパワーがあります」

にこやかに、わかりやすく説明してくれるのはうれしいが、お客様に向かって、

「拝見されれば」

というのは、どうもいただけない。

「拝見する」というのは、謙譲語である。

「パンフレットを拝見してもよろしいでしょうか」

というように、自分が「見る」行為に対して使うのである。

相手の行為を言うのなら、「ご覧になる」を使う。

「お客さま、パンフレットはご覧いただけましたか」

というのが正しい言い方だ。

また、「ご覧になる」より、もう少しくだけて言うときは、「お客様、パンフレットは見ましたか」である。

そんなにごたいそうなパンフレットなの？

「パンフレットはいただきましたか」

●「パンフレットはおもらいになりましたか」

「お客様、パンフレットはもう、いただきましたか」と販売店員。

「はい、もう、おもらいになりました」とお客。

かなり、おかしな会話である。すぐ、おかしいと感じないとおかしい。

「お客様、パンフレットはもう、おもらいになりましたか」

「はい、もう、いただきました」が正しい会話である。

自分に対することを「もう、おもらいになりました」と言うのは、すぐ、間違いに気づくであろうが、相手に対して、「もう、いただきましたか」と言うのは正しい、と思っている人が非常に多いのに驚かされる。

「もらう」の尊敬語は、「おもらいになる」、謙譲語は「いただく」なのだ。「いただく」は、あくまで自分の行為について使われるのである。

また、相手に向かって、「おもらいになる」と言いにくいのなら、丁寧語で「もらいましたか」でもいい。女性の場合はより丁寧に言ったほうがやさしい響きがあるが、男性なら「もらいましたか」くらいで十分である。

語尾だけ丁寧でも敬語にはならない

✖「この製品を存じ上げていらっしゃったのですね」

●「この製品をご存じでしたか」

謙譲語と尊敬語の区別さえ知っていれば、敬語はさほど難しくない。

何故かと言うと、敬語の誤りは、謙譲語と尊敬語を間違えて使っていることがほとんどだからである。

さて、「この製品を存じ上げていらっしゃったのですね」は、お客様に「いらっしゃる」が使われていて丁寧に話しているようであるが、誤りである。

「知る」の謙譲語が、「存じ上げる」であるので、いくら語尾が丁寧であっても、敬語にはなっていない。

尊敬語は、「ご存じである」だ。だから、正しくは、

「この製品をご存じでしたか」

なのである。

また、丁寧語で言うとしたら、「この製品を知っていらっしゃったのですか」になる。自分の行為を言うときは、「この製品を知っておりました」である。

見学者はお客じゃないの？

× 「見学の方がたくさんまいります」

● 「見学の方がたくさんお見えになります」

「わたくしどもの会社には、見学の方がたくさんまいります」を分析してみよう。自分の会社のことを「わたくしども」（当社）と言っているのは大変よいが、「まいります」がいけない。

「くる」の謙譲語は、「まいる」、尊敬語は、「おいでになる」である。

「わたくしどもの会社には、見学の方がたくさんおいでになります」または、「わたくしどもの会社には、見学の方がたくさんお見えになります」である。

わざわざ会わせていただけるのですか?

「私どもの部長にお目にかかりますか?」

「私どもの部長にお会いになりますか?」

お客様が訪ねていらっしゃって、部長に直接、会ってもらったほうがいいときなど、お客様のほうが偉いのか、自分の会社の部長のほうが偉いのか、わからないようなしゃべり方をする人がいる。

会社の部長は、自分にとっては、確かに偉いのであるが、自分とお客様との関係においては、部長は身内である。

さて、「会う」の謙譲語は「お目にかかる」、尊敬語は「お会いになる」である。この場合、「お客様が部長に会う」ので、「部長にお会いになりますか」である。

お客様に、「部長にお目にかかりますか」と言うと、部長の方が偉くて、お客様のほうが下であるという印象を与えてしまう。「うちの部長にわざわざ会わせてあげるのだ」という意味に取られてしまう。

「わたくしどもの部長にお会いになりますか」と言えば、「お客様が、もし、よろしければ、会っていただけますか」と、相手を尊重する意味になる。

そりゃあ、いただきますけども…

 「どうぞ、いただいてください」

● 「お召し上がりになってください」

会社にいらしたお客様を応接室に通して、お茶やお菓子を出すとき、接客に慣れていない新人は「どうぞ、いただいてください」と言ったりする。一度私も耳にしたがこれは、間違った敬語である。

「食べる」の尊敬語は、「召し上がる」、謙譲語は、「いただく」である。正しくは、お客さまに対して、「どうぞ、お召し上がりください（ませ）」である。そして、自分の行為を言うときには、「いただきます」となる。

丁寧語なら、「どうぞ、お食べください」だ。また、「お上がりください」でもいいであろう。

また、お茶だけをすすめる場合は、「どうぞ、熱いうちにお飲みになってください」と「お～なる」の形になる。

丁寧に話そうとして失敗するケース

✖「なんと申しましたか」

●「なんとおっしゃいましたか」

駅の旅行案内に行ったときのことである。まわりがうるさいせいか、受付の人に「今、なんと申されましたか」と聞き返されることがあった。一瞬、「エッ、なんですか」ともう一度聞き返すと「ですから、今、なんと申されたのかと言っているのです」とまた、言われたのだ。

そんなに年配ではなかったが、もう、四十歳は過ぎている男性であった。敬語の使い方がなっていないと思った。こういう応対では、お客様が逃げて行くのではないであろうか。

丁寧にしゃべろうとして、謙譲語と尊敬語を混同することがよくある。年配の人でも、「お客様の申されたことは……」などと言っているのを耳にすることがある。「申された」というのは、丁寧な言葉使いでもなんでもないのだ。

「言う」の謙譲語は、「申す」である。つまり、自分に対して使う言葉だ。お客様に対しては、尊敬語の「おっしゃる」、「言われる」を使う。また、丁寧語なら、「お客様が言いますのは……」になる。

「お客様のおっしゃることは……」、「お客さま、今、なんとおっしゃいましたか」と、しっかりした敬語を使おう。

“敬語っぽい”だけでは失格！

× 「どうぞ、お聞きしてください」

● 「どうぞ、お聞きください」

オーディオのショールームでの、お客様と係員の会話である。

「このCDを聞いていいですか」

「どうぞ、お聞きしてください」

これは、係員が間違った敬語を使っている。

「お〜する」は謙譲語である。

「お聞きして」は、自分自身の行為に対して使う。係員が「私が代わって、お聞きしておきます」と言うのならいい。

これは、自分の行為であるからだ。さらに、お客様が「このCDをお聞きしていいですか」と言うのもいい。

しかし、相手の行為に対しては、「お聞きください」と言わなくては失礼である。「お」をつければ敬語であるとは限らない。敬語に慣れないうちは、「お」をつけてしまえば、敬語っぽいな、と思いがちである。

「お」の後にくる動詞の使い方に気をつけよう。

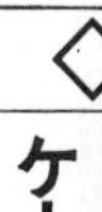

典型的な尊敬・謙譲逆転ケース

「お茶をお下げになってよろしいでしょうか」

「お茶をお下げしてよろしいでしょうか」

応接室で待っているお客様にお茶を出してしばらくして、今度はコーヒーを持って行ったとする。

お茶は半分残っている。

「コーヒーをどうぞ……。こちらのお茶をお下げになってよろしいでしょうか」

半分残っているお茶を黙って下げるのはいけないと思い、お客様に声をかけたのはとてもいい。

だが、「お下げになって〜」は困る。これも、尊敬語と謙譲語が逆になっている例である。

「コーヒーをどうぞ……。こちらのお茶をお下げしてよろしいでしょうか」

この言い方が正しい。

「お下げする」というのは、謙譲語である。

そして、「お下げになる」は尊敬語で、「ご自分でお下げになりますか」など、お客様がする行為に対して使う場合に用いられる。

おたくの会社、マニュアルないんですか？

（アナウンスで）「おりましたら受付まで…」

●「いらっしゃいましたら受付まで…」

デパートや駅、そして、企業などのスピーカーから、呼び出しの声を聞くことがある。多分、呼び出しのマニュアルがあると思うのだが、一度だけ、おかしなしゃべり方をしているのを聞いたことがある。

「佐藤商事の南様、おりましたら、受付までおいでください」

これは、誤りである。

「おる」は、へりくだりの表現である。

つまり、自分なり、身内に対して使う。

「私はここにいます」を丁寧に言うと、「私はここにおります」になる。

アナウンスで身内を呼び出すときには、「営業部の中西さん、社内におりましたら、営業部までおもどりください」と言うのが一般的であろう。

さて、お客様へのアナウンスは、次のようにする。

「佐藤商事の南様、いらっしゃいましたら、受付までおいでください」

「佐藤商事の南様、おいででしたら、受付までいらっしゃってください」

本当に〝失敬〟な人だ！

「失敬しました」

「失礼いたしました」

社員研修や講演でいろいろな企業に行くが、研修や講演が始まる時間になるまで、応接室で待つことが多い。先日も、ある企業に行き、応接室にとおされた。お茶を飲みながら、今日はどういう話がいいだろう、とちょっとくつろいで一人で考えていると、ドアがキィーと開いた。「そろそろご用意ください」という係の人かなと、背広を正すと、「失敬いたしました」という年配男性の声。間違って入ってきたのだ。

「失敬しました」は、軽い非礼をわびる言葉なのである。

明治時代のころ、男性の間で「失敬」という言葉が多用された。「ちょっと失敬します」、「この間は失敬しました」などと、挨拶的に使われたという。その名残りがあるせいか、年配の人がよく「失敬」を使っているようである。

確かに、お客様がいる応接室のドアをうっかり、開けてしまったときなどは、ちょっとしたことだから「失敬」でもいいのかなと思うかもしれない。しかし、「失礼」と比べて丁寧度が低く、お客様に対しては、どんな場合でも使わないほうがいい。実際、現在この言葉が使われるのは、「喫茶店の灰皿を失敬してきた」などとおどけた意味で使われるぐらいである。

お客様を一番立てるべし！

（上司の不在中に）

「高橋様がまいりました」

「高橋様がいらっしゃいました」

約束があったので、ある会社の部長さんに会いに行った。「ただいま席をはずしておりますが、すぐもどります。申し訳ございませんが、少々お待ちください」と言われ、人事部の部屋の入口近くにあるソファに案内された。

そして、「日本茶とコーヒーとどちらがよろしいでしょうか」と聞かれたので、「ありがとうございます。日本茶をお願いします」と答えた。

言葉遣いといい、態度といい、「教育の行きとどいている会社だなあ」と感心した。

そして、一番うれしかったのは、「日本茶」と「コーヒー」とどちらがいいかと言われたことであった。この日は、朝からコーヒーを四杯も飲んだので、日本茶が飲みたかったからであった。

いい気分でお茶を飲んでいると、部長が部屋にもどってきた。さきほどの感じのよい女子社員が部長に伝言を伝えた。

「さきほど、高橋様がまいりました。そして、この書類をおいていかれました」

私は「おや」と思った。

もし、私がアポイントなしで突然きて、部長がいないので、伝言を伝えて帰ったら、「福田様がまいりました」と言われるのではないかという気がしたのである。

「まいる」というのは、「くる」の謙譲語である。「高橋様がまいりました」というのは、部長がお客様より上の場合である。

「くる」の尊敬語は「いらっしゃる」である。お客様のほうが上なら、「高橋様がいらっしゃいました」になる。

多分、その女子社員は、お客様を下に見たつもりはなかったであろう。ただ、部長に敬意を表したかったのだと思う。

しかし、お客様と部長の関係を比べてみると、お客様の年齢が下であっても、お客様に敬意を表すのが普通である。

また、社長に伝言を伝えるときも、「高橋様がいらっしゃいました」と言うべきである。いくら、会社の中で偉いといっても、お客様のほうから見たら、社長は身内である。若いお客様であったとしても、お客様には敬語を使うものだ。

若い人たちが間違えやすいのは、誰に対して敬語を使うのかということである。お客様に対して敬意を表すのか、上司に対して敬意を表すのかで、敬語の使い方がずいぶん変わってくる。

あのひとことで、せっかくのお茶がおいしくなくなってしまったのは残念である。

《マニュアルを超えるために》

外国企業、特にアメリカから入ってきた企業の接客応対は、徹底したマニュアル化が進んでいて、こんなときどう言うかのひとつひとつについて、言いまわしが決められている。アルバイトやパートの人たちは、それらのマニュアルを覚えて応対すればよいわけだから、スラスラ言えるようにしておけば、いちいち自分で考えないですんでむしろラクだろうと思う。

敬語の使い方も、基本の言い方はマニュアル化して、頭に入れておくほうが最初のうちはラクである。

ディズニーランドでは、従業員がお客様に――ゲストと呼んでいる――「いらっしゃいませ」という代りに、「こんにちは」という言葉をかける。「こんにちは」と言われると「こんにちは」と返せるので、この呼びかけは好評である。勿論、これも、マニュアルに書いてある。

午前十一時半までは、「お早ようございます」、午後の五時半以降は「こんばんは」、その間の時間が「こんにちは」と、定められている。

このように定められていると、午前十一時頃は、なんと言ったらよいかと、迷わずにすむ。

でも、マニュアルが一通り使えるようになったら、相手と状況に合わせて、応用をきかせるように工夫がいる。

≪顧客に対する慣用句≫

「お名前はなんとおっしゃいますか」と受付嬢に尋ねられたことがある。

「お名前」、「おっしゃる」と、敬語を使っていたのだが、なんとなくしっくりこなかった。

〝なんと〟の部分が気になったのだ。

名前を尋ねる場合、慣用句がある。

「どちら様でいらっしゃいますか」

「お名前はなんとおっしゃいますか」より、「どちら様でいらっしゃいますか」のほうがより丁寧であり、お客様に対して、感じがよい。

そして、さらに、もっと丁寧に言いたいときには、

「すみません。どちら様でいらっしゃいますか」

などと、ひとこと、言葉を添えてみよう。

四章

【交渉の敬語】

あなたの言葉が会社を背負っている！

尊大な言葉は極力避けよう

(得意先に対し)「わが社ではただいまキャンペーンをやっております」

「当社ではただいまキャンペーンをやっております」

「わが社のこのエアコンはお値段が安い上、機能も誇るべきものがあります。ただいま、わが社では、キャンペーンをやっておりまして、六月までは二〇%引きになっております」

セールスマンは自分の会社のことを「わが社」と言っている場合が多いようだ。普段、けっこう聞き慣れているので、さほど、気にならないかもしれないが、「わが社」というのは、どことなくいばっているような雰囲気がある。人を見下しているような意味も感じられる。

「当社」だと、尊大な感じがしないし、自分の会社を卑下しているようにも感じない。

さらに若い人の中には、社外の人に対して、「うちの会社では」とか、「うちでは」と言っているようであるが、これもやめるべき。自分の会社が好きなのはわかるが、会社と私的関係を結んでいるようで好ましくない。

それより、「私どもでは、アフターサービスを三年間やっております」というように、「私ども」と言うようにしたい。「私ども」の「ども」は謙譲の意味を持っている。

「私たち」の「たち」は、本来尊敬の意味を示す語であったが、現代語では、単に複数を意味するだけなので、会社のことを「私たち」とは使わない。

社名の呼び捨て、言語道断！

✖ (得意先に対し)「鈴木商事の郵便番号を教えていただけませんか」

● 「鈴木商事さんの郵便番号を教えていただけませんか」

「書類を鈴木商事にお送りしたいので、鈴木商事の郵便番号を教えていただけませんか」

会社の名称は、呼び捨てでもいいのである。

しかし、鈴木商事の社員を目の前にして、「鈴木商事」と呼び捨てにして、相手はどういう気持ちであろうか。敏感な人なら、自分が呼び捨てにされたような気がして面白くないに違いない。

「鈴木商事」と言うより、「鈴木商事さん」と会社名に「さん」をつけて言ったほうが、ソフトになる。特に女性の場合には、「さん」をつけたほうがよい。女性らしい柔らかい表現になるからである。

「日産さん」、「三井物産さん」などは「さん」が重なって、言いにくい場合もあるが、通常は、男性でも「さん」をつける。

なお、社名を言わない場合、「御社」「貴社」のいづれかを使うが、「御社」が一般的だ。「貴社」は文章表現のときに用いる。

〝おたく〝だけでは呼び捨て同然

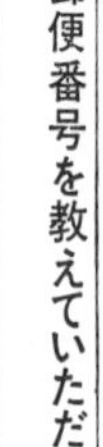

✖ （得意先に対し）「おたくの郵便番号を教えていただけませんか」

● 「おたく様の郵便番号を教えていただけませんか」

相手の会社のことを言うとき、つい「おたく」と言ってしまいがちである。「おたく」というのは、丁寧な言葉ではない。

それは、人の名前を呼び捨てにしているのと同様である。「福田の郵便番号を教えてください」と言っているのと同じなのだ。

「おたく」を使うなら「様」をつけて「おたく様」と言うべきである。また、「そちら」なら「そちら様」である。

敬語の基本は、相手への配慮である。特に、人の名前や会社名を言うときに気をつけたい。名前を間違えられるのは嫌なものであるが、名前を粗末にされるのも、バカにされているのではないかと感じてしまう。

また、丁寧に先方の名前を聞きたいとき、「あなたのお名前を伺いたいのですが」ではなく、「あなた様のお名前を伺いたいのですが」である。「あなた」で呼びかけられ、話ができる相手は、対等か目下に限られる。

敬語をしっかり話したいのなら、まず、名前から注意したい。

外部の人を役名で呼ぶのはまずい！

✖「山口課長はいらっしゃいますか」

●「山口様はいらっしゃいますか」

得意先に行ったときなど、「山口課長はいらっしゃいますか」とよく使われているようである。別に間違っている言い方ではないが、外部の年下の人から「山口課長」と言われて、ちょっと軽く扱われているのかなと感じる人もいるかもしれない。

本人は親しみをこめて「山口課長」と言っているのかもしれないが、受け取り方によっては役職を重んじていないように思われてしまう。

やっとのことで課長になったのかもしれないのだ。

もっと、敬意を表した言い方をしてみてはどうであろうか。

「課長の山口様はいらっしゃいますか」

「山口課長様はいらっしゃいますか」

これでは丁寧すぎると感じるなら、「様」を「さん」にかえてもいいであろう。

「課長の山口さんはいらっしゃいますか」

「山口課長さんはいらっしゃいますか」

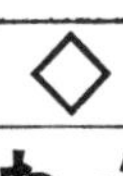

〝お〟は尊敬語だけに使うわけではない

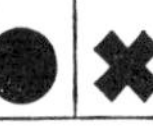

（他社を訪問して）「田中さんに会いたいのですが」

●「〜お会いしたいのですが」

銀行に勤める友人が最近の若い人は敬語を知らないと言っていた。新人営業マンが彼の会社を訪問したときのことだ。総務部を訪れて、側にいた彼に「部長の田中さんに会いたいのですが」と言ったという。

自分の息子と同じくらいだったので、父親気分になり、「〝部長の田中さんに会いたいのですが〟というのは、友だち同士のときに使う表現だよ。〝お会いしたい〟とか言ったほうがいいよ」と言葉遣いを注意したそうだ。

すると、「自分の行為を言っているのに、〝お会いする〟という尊敬語を使うのはおかしくありませんか」と、言われたと言う。

「お」がつけば、尊敬語になると思っている人は多いかもしれない。何度も述べているが「お〜する」というのは、謙譲表現のひとつの形である。

「お会いする」というのは、自分を低めている形である。

さて、もう少し高度に、尊敬の表現をすると、謙譲語の「お目にかかる」となる。こちらの方が敬語表現としてはこなれていると思う。

そのバリエーションで言えば、「お見せする」は「ご覧にいれる」や「お目にかける」、「お聞きする」には「伺う」などの謙譲語がある。

「以前、田中様にお目にかかったことがございます」

「新製品の見本をご覧にいれましょう」

「鈴木様のお話は、先週、伺いました」

このほうがすっきりしていて、丁寧な印象を受ける。

尊敬・謙譲の混乱しやすいケース

（会社の人を紹介するとき）

「こちらの方が山下です」

「この者が山下です」

間違いやすいのは、会社の人をお客様に紹介するときである。丁寧に言おうとして、尊敬語と謙譲語とが混乱してしまうことがある。

「こちらの方が山下です」と会社の人を紹介してしまってはいけない。正しくは、「この者が山下です」である。

ただ、社長など偉い人の場合は、「この者が社長の山川です」と言うのはよくない。平社員が社長のことを紹介するとき、「この者が」と言っては社長に失礼であるし、お客様に「この会社はいくら身内であっても社長のことをバカにしているのか」と思われてしまうからである。「こちらの方が社長の山川です」でもよくない。社長は偉いのだけれど、お客様を大切にしていないように感じられるからである。

それではどう言ったらよいのだろう。それは、「こちらが社長の山川です」がよい。「こちら」というのは、お客様に対しては丁寧ではないけれど、身内に対して使うのは丁寧すぎる。でも、身内の偉い人に対して使うのには、適当な表現だ。

敬語の使い方の難しいところは、このような複雑な場合があることである。

営業マンにありがちな間違い

✖「このパンフレットではおわかりにくいでしょうか」

●「～おわかりになりにくいでしょうか」

社会人になったら、しっかりと、敬語を話して欲しいが、いろいろな場所に出かけて、いろいろな人に会わなくてはならない営業マンは、とくに、言葉遣いに気をつけたい。

営業で他社を訪問し、自社の製品を説明するときなど、「このパンフレットでは、おわかりにくいでしょうが」などと、間違った敬語を使う人が多い。

「わかりにくい」を敬語になおすと、「おわかりになりにくい」という表現になる。「お～なりにくい」という形の敬語用法になるのだ。

そのほか、間違いやすい敬語をあげていくと、次のようになる。

「お届けにくい場所」→「お届けになりにくい場所」

「お越しにくい」→「お越しになりにくい」

「お求めにくい」→「お求めになりにくい」

一見敬語だけど…

「お求めやすいお値段です」

●「お求めになりやすいお値段です」

「お求めやすいお値段でございます」というのは、敬語を使っているようであるが、正しい敬語ではない。

「お〜になりにくい」と同様、「お〜になりやすい」の形をとり、「お求めになりやすいお値段です（ございます）」になる。

そのほか、間違いやすい敬語をあげてみよう。

「お支払いやすい」

→「お支払いになりやすい」

「お越しやすい」

→「お越しになりやすい」

「お考えやすい」

→「お考えになりやすい」

"結構"の使い方ひとつで…

「これで結構ですか？」

「これでよろしいですか？」

ある電気メーカーの営業の人が、さる会社から、要求された資料をさっそく届けに行ったら、「もう、結構です。この仕事は他社に頼みます」と言われたそうだ。すべての資料を袋に入れ、丁重に渡したのにどうして、すぐ、断られたのか不思議に思ったそうだ。

言葉はふたこと、みことしかかわしていない。だがしゃべった言葉を思い出してみて、「アッ」と気がついたと言う。

「これで、結構ですか」がいけなかったのである。

結構は、「賛成する気持ち」や「よくできた」という意味を表す。「旅行は大いに結構だ」というように使われる。そして、否定的に使われる、「じゅうぶん」「たくさん」という意味もある。また「もうこれで結構です」（必要ありません）というように、断るときに使う意味もある。

さて、「これでよろしいですか」または、もう少し丁寧な「よろしゅうございますか」を使うようにしよう。

◇ どんなに偉くとも身内に敬語は使うな

✖（社外の人に）「部長が明日お伺いしたいとおっしゃっています」

●「〜申しております」

他社の人に対しては、自社の偉い人であっても、敬語は避けるべきだ。これは大原則である。営業で、他社の人に、「社長の中野が……とおっしゃっておりました」と言うと、他社の人は、「自分より、お宅の社長のほうが偉いのか」と思ってしまう。それでは、失礼である。自社の社長であっても、「言う」の謙譲語である「申す」を使い、「社長の中野が……と申しておりました」と言うべきである。

……とおっしゃっておりました

敬語がうまくとも失敗はある！

ある会社の若手社員の話である。

いまどきの若い人にしては、敬語の使い方がしっかりしているのであるが、取引先の部長と、自分の会社の営業部長を会わせるときに失敗してしまったのである。

「こちらが、いつもお世話になっている丸菱商事の田中様です」と、まず、自分の会社の部長に取引先の部長を紹介した。

「こちらは、営業部長の鈴木です」、次に、自分の会社の部長を紹介した。

取引先の部長は、礼儀作法にうるさい人であった。だから、若手社員は、いつも、言葉の使い方を注意していたのであった。

しかし、紹介する順序が違っていたため、先方の部長は「失礼ではないかね」とひとこと言ったのだった。

敬語は、社会生活を円滑に過ごすためのひとつのマナーである。しかし、敬語以外にも、マナーがある。

ここで、紹介するときのルールを述べておこう。

誰から誰へ紹介するか、順序がある。

紹介の順序を間違えるということは、尊敬語、謙譲語の混同と同じく、相手に対して失礼である。

〈先に紹介する順序〉

・地位の低い人→地位の高い人
・若い人→年配の人
・自社の人→他社の人
・女性→男性（仕事の場合は、女性であっても、自社の人→他社の人、地位の低い人→地位の高い人の順序である）
・（大勢のグループ＆ひとりの人の場合）ひとりの人→大勢の人（端にいる人から紹介する、しかし、地位の高い人がいるときには、その人を先に紹介してから、その後、端にいる人から紹介する）
・紹介を頼んだ人→紹介される人

原則は以上である。しかし、シンプルな条件でないこともあるかもしれない。そんなときには、身内ではなく、自分に遠い人（偉い人、社外の人など）に失礼にならないように気をつけることである。

人脈を広げる上手な紹介方法

✖「こちら当社の吉田専務です」
●「専務の吉田です」

人と人との間に立って、仲を取り持つのが紹介である。上手に紹介すれば、両方から喜ばれ、信用される。また、無精をしないで、紹介の労をとれば、感謝されて、自分もまた紹介してもらう機会が増えて、人脈が広がるプラスもある。

以下に、ケースをあげて、ポイントを述べておこう。

「こちら、当社の吉田専務です」

と、他社の人に上司を紹介するのは間違い。相手が下請け会社の人でも、紹介のルールに反する。紹介のルールは、

①身内に敬語を使わない

従って、もうおわかりのように、

「わたくし共の専務の吉田です」

が正しい。ただ、紹介が終わった後の話で、上司に向かって話すときは、敬語を使う。社外の人と、上司とで、敬語の使い分けをするのである。上司が、二段、三段上の偉い上司の場合、つい、この使い分けを間違いやすいので、要注意というところである。

②身内から先に紹介する

上司と連れ立って、パーティなどの席で、取引先の人とパッタリ。こんな場合、どちらを先に紹介するか、一瞬戸惑うことがある。この戸惑いが、以後の紹介で、敬語の間違いを引きおこし、帰りの道々、上司から

「キミ、困るじゃないか」

ああ、だから上司と一緒はいやなんだ、などとぼやくようでは、頼りない。

紹介のルールはあくまで身内が先、と頭に入れておけば、戸惑うことはない。自信を持って、

「ご紹介します、専務の吉田です」

と、言えばよい。そして、その後で、取引先の人を、上司に紹介するのである。このとき、

「こちらは日立製作所の木村部長（さん）です」

と言うだけでなく、

「いつもお世話になっております、日立製作所の木村部長（さん）です」

と、プラスひとことを加えると共に、特に、こんな点でご協力をいただいていると具体的に紹介をすれば、相手もよい気分になるし、上司も以後の会話の糸口が見つかって、話がしやすくなる。紹介もここまでやれば、帰路、

「キミ、なかなかよい紹介の仕方をするじゃないか」

と、上司も上機嫌になり、思わぬところで、あなたは評価を高める。

なお、複数の上司を紹介する場合、自社内における地位の高い順番に紹介するのは言うまでもない。

近くにいる上司から紹介すると、社外の人は、一体、どちらが上なのかと、一瞬、当惑してしまう。

部屋に通された場合、地位の高い順に座る席も決められているから、紹介の順番をくずすと、相手側も、「どうぞ」と言って、席をすすめるのに、どの席がよいか、迷ってしまう。ささいなことのようだが、それだけに、キチンと身につけておきたい。

せっかく紹介してもらったのだから…

「どうぞよろしく」

「よろしくお願いいたします」

次に、これもよくあるケースだが、上司から自分が紹介されるケースである。

先日、ある会社の部長が若い部下を連れて、話し方研究所の事務所においでになった。簡単な挨拶をすませた後、部長は若い社員を私に紹介してくれた。

「転勤になって、私の部にやってきた石田です。まだきたばかりで、何もわかりませんが、いろいろ、先生、ご指導下さい」

「いや、指導だなんて、とんでもない。こちらも、ひとつよろしくお願いします」

この間、若い彼は、

「どうぞよろしく」と、ひとこと言ったきりであった。

上司をさしおいて、ペラペラしゃべるのも困るが、よろしくだけでは、敬語的にも問題がある。ここは、まず、

「初めてお目にかかります。若輩者ですが、よろしくお願いいたします」

と、敬語を使って言うようにしたい。部長も側にいて安心できるだろうし、若いけれど、しっかりしているなと、相手によい印象を与えることができる。

"どうも"の乱用は最悪の自己紹介

「どうも、岸です」
「よろしくお願いします。岸信男と申します」

他人ではなく、自分を相手に紹介するのが自己紹介である。

自己紹介といっても、いろいろな場面があるが、ここでは、取引先の人と会って自己紹介するケースを取り上げてみよう。

お客様でなくても――このケースはお客様なのだが――初対面の相手に、「どうも」は、いただけない。すでに述べたように、言葉を省略して「どうも」を乱用するビジネスマンが少なくないので、他人事と思わずに、自分を振り返ってみよう。そして、

「お忙しいところおそれいります」
「初めてお目にかかります」
「いつもお世話になっております」

などの言葉を、状況に応じて、キチンと言えるようにしておく。

初対面で、「いつもお世話に……」はおかしいじゃないかと思うかもしれないが、この場合は自分ではなく、会社が、という意味である。すでに、会社として取引がある場合、このセリフは欠かせない。

人を表わす名刺の出し方

「こういう者です」 

「よろしくお願いします。○○商事営業部の岸信男です」 ●

名刺の出し方もおさらいしておこう。

・自分から先に出す

・両手で、相手の胸元に丁寧に差し出す

・社名、所属名、氏名(フルネーム)をはっきり名のる

「こういう者です」

なんて言いながら、名刺を出す人はいないだろうか。意外に多いのである。無論、世の中に、「こういう者」なんていう人はいない。

・相手から名刺をもらう場合も、両手で受け取るように心がける。片手で受け取るのは、敬語抜きの会話同様、失礼に当る。ただし、荷物を持っているときには、「片手で失礼いたします」とひとこと添えればいい。

・先方が先に名刺を出したときは、

「いただきます」

と、言って受け取る。

「ちょっとお待ちください」

などと、何が何でも自分の名刺を先に出さないと失礼になると思って、相手を制して、自分の名刺を出す人がいる。そこまでする必要はない。先方が先に出したのなら、ありがたくいただけばよい。そして、

「遅くなりまして」

と、言葉を添えて、自分の名刺を出すことである。

名刺をいただいたら、

「岸信男様ですね」

と、確認する。珍しい姓名、読みにくい姓名の場合は、それを話題にして、会話のきっかけをつかむとよい。

「あの元総理の岸信介さんと、何かご関係でも……」

ちょっぴりくだけた調子で問いかけてみるのも面白い。

「よくそう言われますが、まったく関係ありません」

勿論、「そうだと思いました」などと言ってはいけない。初対面の自己紹介はかたくなりすぎても、くだけすぎてもいけない。

ほどほどがよいのである。

お嬢様言葉に気をつけよう

✖「三丸商事にお勤めしています」
●「三丸商事に勤めております」

勤め先を尋ねる、勤め先を言う、あなたはどのようにしゃべるだろうか。次の会話は、多くの女性の話し方である。

「どちらにお勤めでいらっしゃいますか」

「はい、三丸商事にお勤めしています」

若い女性に多い間違いのひとつに
「三丸商事にお勤めしています」

というのがある。丁寧にしゃべっているつもりであろう。しかし、自分のことなので「お勤めしています」はおかしい。

相手のことを聞く場合は、

「お勤めはどちらですか」

と、丁寧に話すことが大切であるが、自分のことは、

「三丸商事に勤めています」

でよいのである。

女性に多い〝お〟の使いすぎ

 「私昨日は会社をお休みしておりました」

● 「私昨日は会社を休んでおりました」

営業などで、他の会社に行ったときなど、

「昨日、いらして欲しかったのですけれど……」

と言われ、

「申し訳ございません。私昨日は会社をお休みしていましたもので……」

などと、答えてはいないであろうか。

「お勤めしています」と同様、自分のことなので、「会社を休んでおりましたので」でいいのである。

特に、女性の会話を聞いていると、「休む」に「お」をつける言い方がしばしば登場する。

「病気で会社をお休みしておりました」

「お休みは、ハワイ旅行に出かけておりました」

自分の休みは「お」をつけず、相手の休みは「お」をつけて、「病気でお休みしていらっしゃったのですか……」などと使う。「お休み」を美化語と考えて使うのもひとつの方法だが、単なる「休み」でもいっこうにさしつかえない。

目上の人にこの言い方はまずい！

「お世話様でした」

「お世話になりました」

よく聞く言葉に、「お世話様でした」というのがある。

結論から言えば、「お世話様」というのは、目上の人や社外の人には使わないほうがよいと思う。

尊敬の表現を取って、「お世話になりました」とか、「お世話をおかけしました」などとしたほうが、丁寧である。

これと同じようなものに、「ご苦労様でした」という言葉がある。「ご苦労様」は目下の人に使う表現で、目上の人には「お疲れ様でした」としたほうがよい。

これは前にも述べたとおりである。

これらは、非常に細かいことであるし、日常的にあまり気にならないことかもしれない。そして、謙譲語と尊敬語を混同してしまったときのような間違った表現とは言えない。

しかし、どんなに立場の違う人に会っても、恥ずかしくない言葉を使いたいと思っているのなら、ぜひ、覚えておきたい表現のひとつなのである。

《丁寧に〝反論する〟「YES／BUT」の話術》

他人の意見に反論するとき、注意するときなど、どのようにしゃべっているであろうか。

例えば、ある人が「この企画書は、青い表紙にしたほうがいいと思う」と言ったとする。

でも、自分は赤い表紙がいいと思った。そのときの言い方は、大きく分けると、二タイプある。

「青い表紙はインパクトがない。私は赤い表紙がいいと思うよ」

「青い表紙はきれいだ。でも、赤い表紙の方がインパクトが強いと思う」

相手の人格や考えを認めることは大切である。しかし、自分の考えが、相手の考えと違うこともある。そのときに、どう表現するかが大切なのだ。ここで、「YES／BUT」の方法がある。

相手のことをまず認めることが「YES」、そして、次に、自分の意見を言うことが「BUT」

この順序で話せば、相手は自分の意見もわかってくれたうえで、あなたの主張を言ったということで、自尊心が傷つけられない。

上司に意見を言うときの参考になるであろう。

五章

【交際の敬語】

社交の場で恥をかかない敬語マニュアル

年下は死ぬ、年上は亡くなる

「そうですか…お母様が死んだのですか」

「そうですか…お母様が亡くなったのですか」

●

「亡くなる」は、「死ぬ」の美化語である。年上の人が死んだとき、身内以外の誰かが死んだとき、「亡くなる」と表現する。

しかし、身内の人が死んだとき、「亡くなる」と言ったらいいか、「死ぬ」という表現がいいのか、迷ってしまうことがあると思う。

「母が亡くなりました」

「祖母が亡くなりました」

自分より年上の人に対しては、「亡くなる」という言い方がいい。

しかし、自分の子どもに対しては、「先日、死にました」というように、「死ぬ」という表現がいいかもしれない。

「娘が事故で亡くなりました」と言うと、娘の人格を尊重しているようにも感じられるが、他人の子どものことを言っているようにも思えてくる表現だ。

◇〝差し上げる〟のは自分だけ

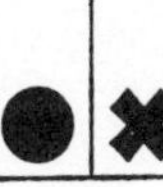

✖「奥様に差し上げてください」

●「奥様にお渡しください」

よく間違って使われる敬語のひとつに、「与える」がある。テレビを見ていたら、アナウンサーが言っていた。

「スカーフと香水のセットが当たりました。奥様に差し上げると、きっと喜びますね」これは、間違った敬語だ。

「差し上げる」は、「与える」の謙譲語である。あくまでも「差し上げる」のは自分がする行為である。

「奥様に差し上げると、喜びますね」という表現だと、スカーフを当てた当人に対して失礼になる。

「奥様に差し上げたいので、どうぞ、お渡しください」と使うのはいい。この表現だと、行為主体がはっきりしている。

つまり、「私が奥様にあげたいのだけれど、会えないので、どうか、あなたが渡してください」という意味になるからだ。

ストレートに短く敬語表現をしたいなら、「奥様にお渡しください」がいい。

こんな敬語はサラリーマン失格

「あなたが行くなら私も行きたいです」

●「部長さんがいらっしゃるなら私もおともしたいと存じます」

「あなたが行くなら、私も行きたいです」

電車の中で、若手サラリーマンらしい男性が、一緒にいた五十歳すぎの役職者らしい人に向けてしゃべった言葉である。話の前後は、よく聞いていなかったが、部長さんが、今度の休みにどこかへ行くという話が出ていて、「誰か一緒に行ってくれる人はいないかね」などとひとこと言ったときであったと思う。

この言い方は、まるで高校生が一生懸命敬語を使おうと必死になった言葉のように聞こえた。社会人になったら、大人の敬語を話して欲しい。私が、手直しするなら、次のようにする。

「部長さんがいらっしゃるなら、私もおともしたいと存じます」

ここまで、丁寧に、しゃべらなくてもいい。しかし、その年上の人との立場が離れていたら、これくらいに表現してもいい。もう少し近い立場の人なら、

「部長さんがいらっしゃるなら、私もご一緒させていただきたいと思います」

「部長さんがいらっしゃるなら、私もまいりたいと思います」

このくらいの敬語は使いたい。

あまり堅苦しいのもよくないが…

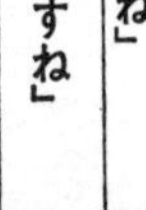

（上司の家で）
「部長さんの坊ちゃんは賢いですね」
「部長さんのお坊ちゃまは利発ですね」

上司の家に行ったとき、家族と接する機会ができるであろう。会社でないから、あまり堅苦しい雰囲気ではよくないが、かといって、上司であるということを忘れてはいけない。

部長さんの子どもが、小さいのに賢かったとする。そのとき、ちょっとお世辞もまじえて、子どものことを話題にしたとする。

あなたは、上司の子どものことを何と表現するであろう。

「坊ちゃんは、利口ですね」

と言うのは、あまり、丁寧なしゃべり方ではない。

「坊ちゃまは、利発ですね」

と言うほうが、よりいい。上司の息子さんのことを言うとき、敬語なら、「坊ちゃま」という言い方になる。

しかし、「利口」というのは、ストレートすぎる表現であるので、言葉を変えて、「坊ちゃまは、利発ですね」のほうがもっとよい表現である。

“お”をつけても“年寄り”では…

(上司の家で)
「お年寄りの方がいらっしゃると…」

「ご年配の方がいらっしゃると…」

上司の家に行くと、家族の話題になることがある。そのとき、上司の家族に対する呼び方も気をつけなくてはならない。

友人の家に遊びに行ったとき、たまたま、その友人の部下がきていた。そして、みんなで一緒に飲んだり、食べたりした。

その場には、顔を出さなかったが、部長は長男であったので、両親と一緒に住んでいた。彼の部下がトイレから戻ってくると、「部長さんの家は、トイレがいつでも、温かくていいですね」と言葉を投げた。

別に下品にならなければ、トイレの話をしてもいいと思う。さて、部長の家のトイレは、両親のために、いつでも温かくしていたのであった。

部長は、「七十歳をすぎた両親と同居しているんだよ。部屋の温度と、トイレの温度が違うとからだによくないから、トイレもいつでも、温かくしているんだ」と言った。

「お年寄りの方がいらっしゃると、いろいろな所に気を使うんですね」と、部下は感心した。

「年寄り」に「お」をつけたので、丁寧な表現だと部下は思ったのかもしれない。しかし、ハッキリ言えば、「お年寄り」というのは、いい表現でない。

自分が年を取ったとき、「お年寄り」と言われたら、どんな気持ちがするであろうか。若いから、まだ、わからないかもしれないが、いい気持ちはしないものである。

「お年寄り」に代わる、いい表現は「年配」ではないであろうか。もっと、丁寧に表現すれば、「ご年配」や「お年を召した」である。

「ご年配の方がいらっしゃると、いろいろな所に気を使うんですね」と言えれば、その部下に対する評価が高くなるはずだ。

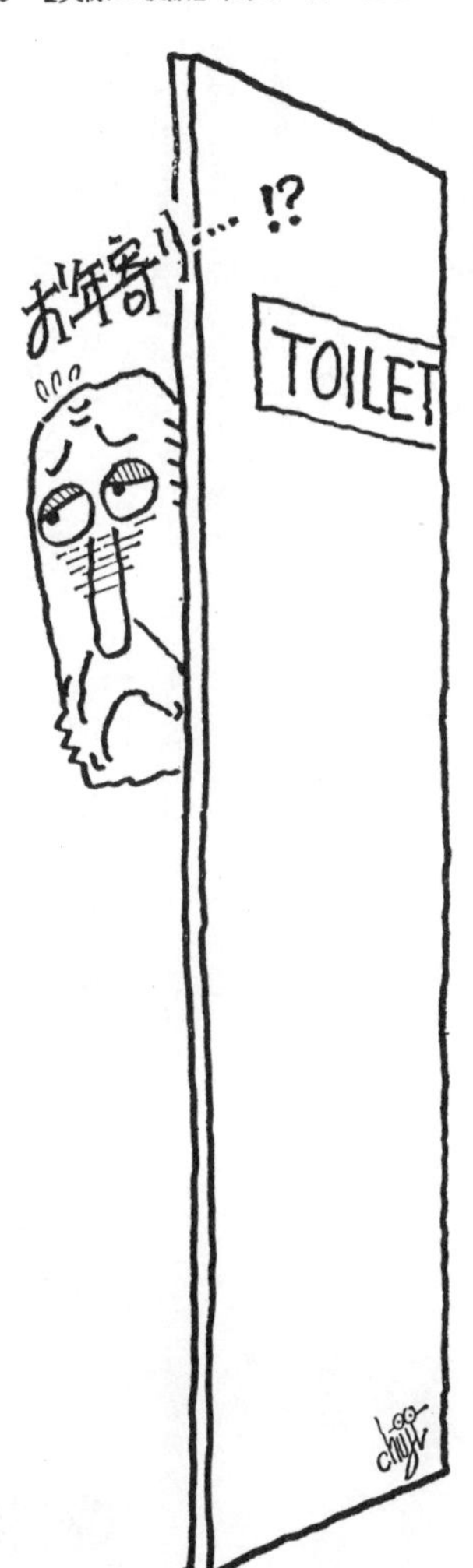

よくある"一見敬語"

（上司を家に召き）

「ここでお待ちしてください」

●「こちらでお待ちいただけませんか」

上司を家に招待したときなど、食事の支度がまだで、応接室で待ってもらうことがある。そんなときに、間違えやすい表現がある。

「食事の仕度が整いますまで、ここでお待ちしてください」

これはおかしな敬語である。「お待ちしてください」というのは、一見敬語であるように感じるかもしれない。

しかし、「お〜する」という形の謙譲語である。

自分が目上の人のことを待つときに、「ここで、お待ちいたします」というように使われる。

さらに、「ここで」というのも、友だち用語である。「こちらで」と丁寧に表現することが大切である。

さて、正しい敬語は、

「こちらで、お待ちください」

「こちらで、お待ちいただけませんか」

である。

無礼講にも限度アリ！

社員旅行で酒を飲み、酔い過ぎて、上司に

「あんたの頭はうすいね。僕が今度、とてもいいヘア・ローションを持ってきてあげるよ」

と言った新入社員がいたという。彼は、結局その上司ににらまれて、一年たち、本社から支店に配属変えになったそうだ。

欧米では会社の人とのつきあいは強制されないが、日本では職場のコミュニケーションをはかるという意味で社員旅行や忘年会などがある。

個人的な酒のつきあいはともかく、職場単位で行われる忘年会などの親睦会は、仕事の延長として参加するという意識を持つことだ。

仕事の延長として参加すれば、親睦を深めるという目的があったとしても、友だち同士で飲むように上司には接しないであろう。

酒の席でも、失態を演じないように、上司には敬語を使い、失礼のない態度で接することが大切である。

女性の上司を〝女〟として見るべからず！

（宴会席上）「洋子ちゃんてかわいいね」

「山田さんは飲んでいるときも素敵ですね」

忘年会などで、会社の人と飲む機会がある。そのとき、男性の上司に対して、あまり堅苦しくない敬語で話すべきであるが、女性の上司に対しても、同様である。

女性の上司であっても、お酒で頬がポッと桜色になったり、しゃべり方がおっとりやさしくなって、ときどき「かわいく」感じることがあるかもしれない。そのとき、ひとりの女性として見ているようなしゃべり方をしてはいけないと思う。

「洋子ちゃんてかわいいね」と、いうことを言いたかったら、「山田さんは飲んでいるときも素敵ですね」くらいがいい。

もちろん、会社の雰囲気などがあるから、「洋子ちゃんってかわいいね」という言い方が許されるところもあるであろう。そして、このくらい交流があってもいいだろう、という会社があるかもしれない。

しかし、多くは、「洋子ちゃんてかわいいね」と表現すると、「あいつは、上司に気があるのかな」とか、「いくら女でも、上司なのよ。失礼しちゃうわ」と思われるのがオチであると考えていたほうがいい。

それでも励ましてるつもりなの!?

✖「のんびりできていいね。僕も入院したいよ」

●「ずっと働き通しだったから、静養するつもりでのんびりしたらいいよ」

病気見舞い、災害見舞い、事故見舞い、暑中見舞い……。人間生活の中で、お見舞いという場面は、けっこうあるものである。

見舞いはいろいろあるが、病気見舞い、災害見舞い、事故見舞いなどは、タイミングが大切である。

災害見舞いなどは、それと知ったら、取るものも取りあえず駆けつけるのが一番である。そして、たとえ、一時間でも働いて助けることが、くどくどと、見舞いの言葉を述べるより、ずっと気持ちがこもる。

病気見舞いや事故見舞いも、退院まぎわに行くより、迷惑にならないていどに、早めに行ったほうが効果がある。

さて、病気見舞いや事故見舞いの敬語であるが、上司など、目上の人に対しての例をいくつかあげよう。

「しばらくお見かけしないなと思っていましたら、ご入院と伺いまして、驚きました。でも、元気そうなお顔を拝見して安心いたしました」

「たいへんでございましたね。私にできることがあればなんでもいたしますから、どうぞご遠慮なくお申しつけください」

さて、お見舞いの際、話題としては、世間話が一番無難である。病状などの質問攻めは、よくない。

また、仲がよいと、励ますという意味で、

「のんびりできていいな。私も入院したい」

「スマートになってうらやましい」

というようなことをしゃべる人がいるが、その人は病人の気持ちがわかっていない人である。ただでさえ、病人は疑い深く神経質になっている。あまり、不用意な言葉は、病人の気持ちを落ちこませてしまう。

もし、励ましたいのなら、

「働き通しだったから、しばらく静養するつもりでのんびりしろよ」

「思ったより、元気そうな顔をしているので安心したよ」

など、自分が病人になったときに、すんなり受け入れられる言葉を使いたい。

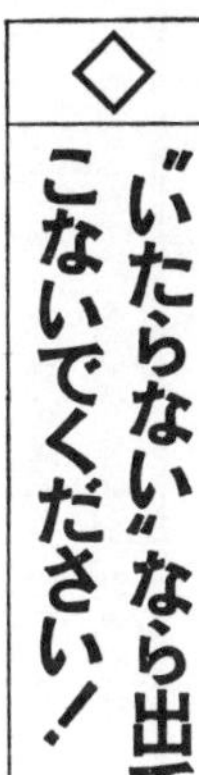

◇〝いたらない〟なら出てこないでください！

✖ 「いたらぬこともあるでしょうが、今日司会を務める山田です」

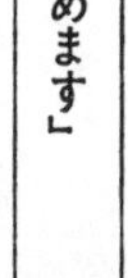

● 「今日は私、山田が司会を務めます」

結婚式の司会は、大変である。途中で座がしらけたら、ユーモアたっぷりに話題を出したり、適当な節目節目のところでは、意見をまとめて整理し、さらに発展する方向へ持っていかなくてはならない。

結婚式に限らず、司会者の務めは、集会や話しあいの目的をとげ、楽しい集まりであった、有意義な会であったと評価されるような進行、運営を心がけることであろう。

司会の進行の仕方は、場数をふむことが大切だ。しかし、何度、司会をやっても、くせになってしまったのか、出てしまう言葉があるようである。

自己紹介をするときに、自分を卑下した言葉を使ってしまうことである。

「いたらぬこともあるでしょうが、今日、司会を務めさせていただく山田です」

「申し訳ございません。今日は、山田が司会を務めさせていただきます」

あまり卑下した挨拶では「そんなつまらない人が司会をやるのでは……」としらけてしまう。

見栄をはるのもよくないが、司会者の自己紹介は、あっさりやるのがいい。

「司会を務めさせていただく山田です。一生懸命やりますので、よろしくお願いいたします」

≪得をする話し方≫

●命令形を避けて、依頼形で話す

「お待ちください」と押しつけのように話すより、「お待ちいただけますか」と依頼形で話すと、相手の意志を尊重したように感じられる。

●相手の目を見つめて話す

　敬語で話しても、相手の目を見ないと、言葉が死んでしまう。目を見て、微笑んで丁寧に話すと、心が言葉に表れているのだなと思われるはず。

●否定の言葉はなるべく使わず、肯定的に表現する

「ここでタバコを吸わないでください」と言うより、「あちらに灰皿があります。どうぞあちらでごゆっくりお吸いください」と表現したほうが印象がよい。

●相手に気を使わせる話し方は避ける

　ハンバーグ弁当とうなぎ弁当とどちらがいいか聞かれ、「私はハンバーグ弁当でいいです」というように、「でいいです」という言葉遣いをする人が多い。

「ハンバーグ弁当でいいです」と言っている人は、「あなたは、高い弁当を食べてください」というつもりかもしれない。しかし、逆に、相手に気を使わせてしまうのだ。

「ハンバーグ弁当でいいです」と言われると「本当は、違うほうを選びたいのだが、ハンバーグで我慢する」という意味にとれる。

≪人を傷つける言葉・汚ない言葉≫

言葉が相手の感情に及ぼす影響力については軽視してはならないものがある。

仕事中に、「くそ」などと言ったり、

「そんな事、屁でもない」

と言ったりするのは、決して感じのよいことではない。

一般に、汚ないものを連想させる言葉は、使い方に注意したほうがよい。

板橋公子さんという女性が自己紹介で、

「板橋の板は、ドブ板の板です」

と、説明したそうだが、ことさらにドブ板などという必要はなかったと思う。

「公子の公は、公園の公です」

と言えばよい、公衆便所の……なんていう必要はさらさらない。

先日、タクシーに乗って不愉快な思いをした人の話が新聞に出ていた。

信号で同じマークのタクシーが隣に停車、運転士同士が大きな声で言葉をかわしはじめたのはよいが……

「昼からゴミばかりよ」

「こっちもゴミだよ」

短い距離の客をゴミというらしい。それにしても、乗っている者はゴミと言われたのでは腹の虫がおさまらないだろう。

言葉は人間の感情を刺激して、時に心を深く傷つけもする。敬語の勉強を通じて、自分の言葉が相手を傷つけていないか、ふり返ってみよう。

六章

〈敬語の基本は快さ〉

敬語の使いすぎは逆効果

敬語過剰と敬語不足は紙一重

（上司に対し）
「ご心配をかけて申し訳ございません」

「ご心配をおかけして申し訳ございません」

敬語を勉強しはじめたころは、とにかく丁寧に表現しようと、一生懸命になる。そして、少し敬語になれると、過剰敬語を警戒して、敬語不足になってしまう。敬語過剰も、敬語不足もよくないのである。

若い男性に「ちょっと敬語過剰だから注意したほうがいいよ」とアドバイスしたことがある。すると、今度は、敬語不足になってしまった。

ひとつの例を見てみよう。

「ご心配をかけて、申し訳ございません」の「心配」は相手に属する。敬語を使って「ご心配」でよい。

そして、「かける」は自分の行為である。この「かける」を敬語表現にしても、二重敬語になることはない。謙譲語の「お〜する」のパターンを用いる。

「ご心配をおかけして、申し訳ございません」と言うのが理想的な敬語表現と言ってもいい。

繰り返しになってしまうが、二重敬語というのは、「ご心配をおかけいたしまして」というのである。

丁寧すぎて間違いがちなこんなケース

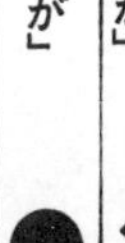

（上司に対し）「書類をお貸ししていただけませんか」
「書類を貸していただきたいのですが」

テレビを見ていたら、新婚夫婦にインタビューしている番組があった。「女房は料理が上手で、掃除や洗濯好きで、昼は淑女みたいですが、夜は娼婦になります。理想的なんです」と旦那がのろけていた。

すると、司会役のお笑いタレントが「奥様を一日、お貸ししていただけないでしょうか!?」と、のろけを受けた。

丁寧なら、丁寧なほどいいと思ったのか、敬語を使い慣れていないのか、笑わそうとしたのか、いずれにしろ間違った敬語を使っていた。

「お〜する」は、謙譲語の形である。「私の物をお貸しする」とは使うが、「あなたの物をお貸ししてください」とは言わない。尊敬語で言うなら、次のどれかである。

「貸していただきたい」

「お貸しいただきたい」

二重、三重の過剰敬語は、丁寧に感じられるかもしれないが、敬語法としては間違っているのだ。敬語に慣れたいと強く思う人は、最初のうちは過剰敬語になりがちなので気をつけよう。

敬語は使いすぎるとよけいに失礼だ！

「御無沙汰いたしております。お風邪をおひきになったと、お伺いいたしましたが、お元気そうでいらっしゃいますね」

「はい、おかげさまで……今日は書類を持ってまいりました」

「あっ、お椅子におかけになって、どうぞ、お荷物をお開きください」

「はい。（書類を渡したあと）では、これで失礼いたします」

「お忘れ物をなさいませんよう、お気をおつけくださいませ」


ある会社のロビーで聞こえてきた会話である。上品な美人の受付嬢であるのはよかったが、彼女の過剰な敬語が気になった。そして、照れたような表情のお客様は、居心地がちょっと悪そうであった。

あまりに敬語が過剰であると、いわれたほうは、むしろからかわれたような気持ちになるものだ。前にも述べたようにいんぎん無礼になってしまうのである。丁寧すぎると、とまどいをおぼえるのは、相手の心と自分の心との距離を感じさせるからだ。

過剰な敬語は、相手に、自分の心と自分がしゃべった言葉の距離を感じさせることになる。言葉さえ丁寧なら、丁寧すぎて文句を言われることはないだろうと安易に考えてはいけない。

「こちらが、敬語をうまく使えないのを見抜いて、自分はこんなに敬語が使えると、優越感を持ったのではないか」という感じも与えてしまう。

敬語は、前にも言ったように、上下の立場をうめるものである。そして、敬意を持って近づいていますよ、という心を表現する働きがある。

過剰な敬語は、「突っぱねているのではないか」、「わざと距離をおいて見ているのではないか」、と、感じさせる。

相手に嫌悪感を与えるために過剰な敬語を使うのであれば、それは、自由であるが、そうでなければ、逆効果である。

敬語の積み重ねでも、例外的に、おかしくないものもあるが、いずれにしても、通常は、二重、三重であるような敬語は、正しくない。

仕事仲間に、一緒にいると気分のよくなる三十代の男性がいる。彼と話をしていると、「尊敬されているのだ」という感じを受けるけれど、「私を慕っている」という雰囲気もする。なぜ、そうなのか分析してみた。

敬語をしっかりしゃべっているのだけれど、過剰な敬語を使っていないのである。年下の人から、友だち言葉で話されるのは、いい気持ちはしないが、過剰敬語で話しかけられても、うれしくないのである。

できるだけなくしていきたい二重敬語

✖「ご入会される方」

●「入会される方」

銀行などの企業は、社員教育が行きとどいているせいか、とても気持ちよく応対してくれる。言葉遣いも丁寧であるし、礼儀作法もみんな知っている。銀行へ行って、嫌な気分で帰ることがないのは、そのせいであろう。

しかし、ちょっとばかり丁寧すぎて、気になる敬語がいくつかある。それは、「ご入会される方は」という表現である。

「入会する方は」を敬語で言うと、「入会される方は」である。または、「ご入会の方は」などである。これで、十分敬意を表している。

「ご入会される方は」というのは、「ご」と「入会される」と尊敬語が重なっている二重敬語である。

「ご入会されるのでしたら」、「ご入会される方は」などという言い方は、私にとっては、ちょっと過剰な敬語であると思うのだが、「敬意が表れていてとてもよい」とか、「大事なお客様になったようだ」とか感じる人もいるかも知れない。マニュアルのある会社はそれに従ったほうがよいが、これからは過剰敬語はできるだけなくして行きたいものだ。

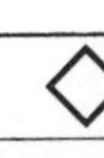

重なりあった敬語は見苦しい

 「当店をご利用される方」

 「当店を利用されている方」

買い物でお店に行くと、シャッターが閉まっていて、「アッ、お休みなのかな」と思うことがある。

そして、「当店をご利用されている皆様にお願い申し上げます。八月十三日から八月十五日までお休みさせていただきます。なお、八月十六日より平常通り開店いたしております」などという張り紙が貼ってあったりする。

また、よく行くストアーなどで、ナントカ期間などというタイトルをつけて、「当店をご利用されている皆様へのサービスでございます」という言葉を添えて、ビニールバックや携帯用の品物をくれたりする。

この「ご利用されている」というのは、「ご入会される」と同様に二重敬語である。「ご」、「サ変動詞未然形（利用さ）」、「れる」の形で、敬語が重なりあっている。

「利用されている皆様へのサービスでございます」「ご利用のお客様へのサービスでございます」で、敬語の表現としては十分なのである。

そんなに車が偉いのでしょうか？

「お車をお待たせしております」

●「お車を待たせております」

政界の人が敬語について語ってくれた話だ。

「パーティーが終わり、そろそろ帰ろうかなと思っていたときに、ハイヤーの配車係が〝お車をお待たせいたしております〟と声をかけてくれたのだよ。僕より、車のほうが大切なのかなと思ってしまったねえ」

相手が偉い人だと思うと、丁寧な言葉遣いをしなくてはいけない、という意識が強く働くためか、ぎこちない敬語になってしまう。そのため余計なことまで敬語にしてしまう。

「お車をお待たせいたしております」と言った人は、多分、偉い人が乗る車であるから、「お車」、「お待たせ」と敬語を使ったのであろう。

しかし、その言い方であると、人より、車のほうが偉いという印象を与えてしまう。車にまで、「お待たせ」と敬語を使う必要がないのである。

車には「お」をつけたほうがいいが、車が「お待ちしています」、車を「お呼びします」ではおかしい。「お車を待たせております」、「お車が待っております」、「お車を呼びましょうか」と言うべきだ。

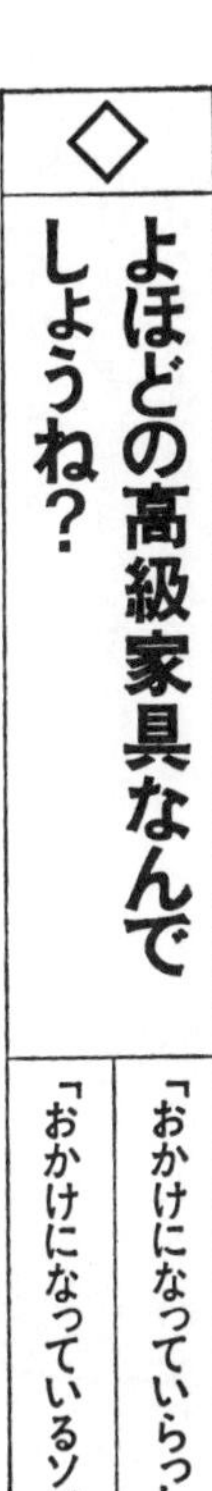

◇よほどの高級家具なんでしょうね？

✖「おかけになっていらっしゃるソファー」

●「おかけになっているソファー」

高級輸入家具店に行ったとき、「おかけになっていらっしゃるソファーはイタリア製でございます」などと説明を聞かされたことがあると思う。これも、「お車をお待たせしております」と同じようにおかしな敬語なのだ。

つまり、物のほうに敬意を表しているのではないかと誤解してしまう例である。ソファーが主役ではなく、人が主役であるので、「おかけになっているソファー」でよいのである。

相手のための行為なら〝お〟でもよいが…

「当社のお電話番号をお教えいたします」

●「当社の電話番号をお教えいたします」

目上の人やお客様との応対のときになると、とたんに「お」や「ご」の乱用をはじめる人がいる。よけいなことにまで、「お」や「ご」をつけてしまうのだから、丁寧なしゃべり方になるどころか、相手を怒らせてしまうのである。

会社や銀行の受付で、若い女性がよく間違えてしまうのは、「お」や「ご」のつけ方であると聞いたことがある。

「当社のお電話番号をお教えいたしましょうか」

「当社のご住所もお書きしましょうか」

「当社のお品をどうぞ、お持ち帰りください」

「当社のご本をお貸しいたしましょう」

以上は、「電話番号」、「住所」、「品」、「本」に「お」や「ご」をつけている。これらは、間違った「お」や「ご」の付け方である

それらは、すべて自分の会社の物である。会社の電話番号、会社の住所、会社で作った品（会社でお客さまに差しあげている品）、会社の所有の本（会社で制作した本）なのである。自分に

かかわっている物には、「お」や「ご」をつけない。

反対に、「お客様のご住所を……」、「あなた様のお電話番号は……」など、先方に関するものには、「お」や「ご」をつける。

また、自分の動作は、謙譲語を使うのであるが、相手にかかわっている場合は、丁寧語になるのである。

「荷物をお持ちいたしましょう」

「そこで、お待ちしております」

「東京駅までお送りいたします」

「受付までご案内いたします」

これらは、自分の動作であるが、すべて、相手のためにする行為であるため、「お」や「ご」をつける。

「お」や「ご」はとても便利だ。「からだの具合はどうですか」などと言う場合、「からだ」に「お」をつけ、「おからだの具合はいかがですか」と言うと、これだけで、りっぱな敬語になってしまう。

だからこそ、上手に「お」や「ご」を使えると敬語をしゃべるうえでの武器になる。

職種によって敬語の度合いは変わる

「この土地でお過ごしになられました」

●「この土地でお過ごしになりました」

社長夫人とホテルマンとの会話である。

「ここは、交通の便もいいし、空気や水もおいしくて、素敵な場所でございますね」

「はい、鈴木様のお祖父様も、避暑で何度もお過ごしになられました」

「お過ごしになられました」は、敬語過剰である。「お……なる」も、「れる」も尊敬語である。敬語が二重になっているのがわかる。

下の「れる」を取り除き、「お過ごしになりました」という言い方がいい。スッキリとした感じであるし、相手に対しての敬意も表している。

ホテル、デパート、銀行など、商業敬語として、過剰敬語が目立つが、〝仏作って魂入れず〟にならないようにしてもらいたいと同時に、一般のビジネスでは過剰にならない心がけが必要である。

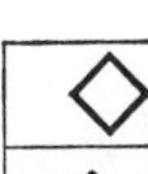

"おしゃれ"のしすぎにご用心！

✖「ご賛成になられました」

●「ご賛成になりました」

気持ちいっぱい敬意を表したいとき、過剰な敬語になってしまうことがある。おしゃれをしようと、フリルのワンピースに、ブレスレット、ネックレス、指輪、イヤリングなどをごてごてつけてしまうようなものだ。本人はきれいに見えると思っているのかもしれないが、はたから見ると、滑稽である。

例えば、営業の部員などがよく間違えてしまう過剰敬語のひとつを紹介してみよう。

「この機械はいかがでした」

「使いごこちはいいねえ。でも、値段が高くてねえ。部長に怒られそうだなあ」

「先日、部長の佐藤様が、この機械の導入をご賛成になられました。あとは係長の中川様のご意見だけです」

「それなら、お願いします」

敬語過剰が一か所あるのをお気づきだろうか。「ご賛成になられました」は、「ご……になる」と「れる」の尊敬語が重なった敬語だ。

権限のある偉い部長であっても、「ご賛成になりました」で十分敬意を表しているのである。

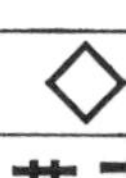

丁寧語を重ねても聞き苦しいだけ

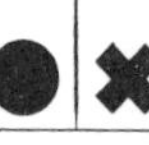

「こちらでございますです」

「こちらでございます」

かつて、とても人気のあるハーフの美人キャスターがいたが、気になる言葉遣いがあった。

「こちらがその写真でございますです」

「こんな事故が起きると、五年前のことを思い出しますです」

間違いをなおしてみよう。

「こちらがその写真でございます」

「こんな事故が起きると、五年前のことを思いだします」

これらは、最後の「です」を取ったものだ。「です」、「ます」は丁寧語である。丁寧語が重なりあっているのだ。これは、過剰な敬語なのである。

ニュースを読むのなら、原稿をそのまま読めばいいのであるが、ニュースの感想を言うときなどは、その人の敬語の使い方がわかる。アナウンサーだから、ニュースキャスターだから、正確な敬語をしゃべれるとは言えないようである。

テレビ局でもその人のクセとして大目に見ているのかも知れないが、一般に与える影響が大きいのだから改めさせるべきだろう。

“すっきり敬語”を心がけよう

✖ 「お召し上がりになってください」

● 「召し上がってください」

応接室に通されて待っていると、普通はお茶などであるが、夏など、アイスクリームを出してくれる会社もある。

そして、「溶けてしまいますので、どうぞ、お早目にお召し上がりになってください」と声をかけてくれたりする。

近所の奥様などが、土産を持ってきてくれるときも、「生ものなので、お早目にお召し上がりになってください」と、言っているのをよく聞く。

「召し上がる」は「食べる」の尊敬語、「お……なる」は尊敬の形式である。つまり、「お召し上がりになってください」は過剰敬語なのである。丁寧を通りこして、少しくどい印象を与える。

すっきりした正しい敬語は、次のような言い方である。どんな立場の人に対しても、それで十分だ。

「お早目に召し上がってください（ませ）」

「どうぞ、おあがりください（ませ）」

たかが風邪なんですから…

「お風邪をおひきになったとお伺いいたしました」

「風邪をおひきになったと伺いました」

ある営業マンが得意先の会社の部長が風邪をひいたと聞いたので、打ちあわせのあと、副部長に「お風邪をおひきになったと、お伺いしたのですが……」と言ったら、プッーと笑われたという話を聞いた。

アーノルド・シュワルツネッガーに似た筋肉隆々の男性が過剰すぎる敬語を使ったので、そのアンバランスさに吹き出してしまったのだろうと想像する。

さて、バランスを持った敬語は「風邪をおひきになったと、伺いましたが……」である。

「おひきになった」という敬語を使っているので、「風邪」に「お」をつけなくてもいいし、「伺う」に「お」をつけなくていい。

強そうで、見た目がワイルドな男性ほど敬語を上手に使うと、敬語が引き立つが、過剰な敬語をしゃべると、イヤミになるというより滑稽に感じる。

≪過剰敬語のほうがよい場合もある！≫

二重三重にもなっている敬語の積み重ねは、過剰な敬語である。すっきりとしていて、ちゃんと敬意を表しているような敬語を使いたいのであるが、敬体の積み重ねでもおかしくないものもある。

●相手のご家族が事故にあったときなど
「さぞかし大変でしたでしょう」
●葬式などで
「小さいお子さんがいらっしゃるので、これから、お辛いこともございますでしょう」
●ラッシュ時にいらしたお客様に
「道がこみましたでしょう」

これらは、二重敬体である。しかし、推量の場合は普通に使われている。そして、そのほうがいい場合もある。

不幸があったときである。「さぞかし大変でしょう」というより、二重敬体ではあるが「さぞかし大変でしたでしょう」のほうが相手をいたわっている感じがする。

七章

〈押さえはこれでOK〉

電話敬語から手紙敬語まで

電話や手紙に〝表情〟を持たせよう

どんな人でも、電話で失敗したことは、一度はあるだろう。伝言を一部聞きもらしたこと、名前を聞き間違えたこと、言葉たらずで相手を怒らせたこと、……細かい失敗は、何度もしていると思う。

しかし、細かい失敗が大きな失敗に通じることもある。

次は、ある会社に仕事を頼もうとして電話をしたが、結局、電話応対が悪かったために、仕事を発注しなかった例である。

Aさん「もしもし、○○商事さんでいらっしゃいますか」

Bさん「はい」

Aさん「すみませんが、課長の鈴木さん（様）をお願いします」

Bさん「外出しております」

Aさん「それでは、伝言を伝えていただけますか」

Bさん「はい」

Aさん「明日、企画書を持ってきてください、と伝えてください」

Bさん「では、失礼いたします。……ガッチャーン（電話を切る音）」

Aさん「……カシャン」

Bさんは、もしかして、忙しかったのかもしれない。また、何かミスをして落ち込んでいたのかもしれない。

しかし、どんな状況であったにせよ、あんな応対をされたら、Aさんでなくても、「応対の悪い会社だな」と感じるであろう。そして、「あんな会社に仕事は頼みたくない」と思ってしまう。

面と向かっているときには、ちょっとくらい敬語の使い方を間違えても、明るい好感の持てる笑顔でしゃべっていたら、さほど気にならないが電話では、相手の顔が見えない。相手がどんな表情で話しているか、どんな動作でいるか、わからない。

電話は、言葉と声の表情がすべてだ。相手の表情がわからない分、言葉と声に全神経をかたむけなくてはならない。

現在のビジネスにとって、電話は欠くことのできないものだ。便利で重要な役割を持つ電話を上手に使いこなす能力を持つことが必要とされている。

この章では、相手に失礼にならないように、さらに、積極的に好感を持たれるように、電話でのマナーから手紙敬語まで、述べてみよう。

一回コール後、左手で…

電話が鳴ったら、まず、あなたは、何をするであろうか。「受話器を取る」のが一番最初であると答えるだろうか。

電話が鳴ったら、まず、メモとペンを用意することだ。そして、左手で受話器を取ることが大切である。なぜか。それは、メモを取りやすくするためだ。

ビジネスにおける電話は、正確に用件を伝えたり、受けたりしなくてはならない。そのためにメモは不可欠の存在である。

電話が鳴って、名指し人が不在の場合、伝言を頼まれることがある。「伝言をお願いいたします」と言われ、「少々、お待ちください」と言って、それから紙とペンを用意するのは、失礼である。

電話の側には、いつもメモ用紙と筆記用具を置くようにしたい。

そして、「電話が鳴ったら、コール音を一回聞いてから取る」というのも、大切である。一回目のコール音が鳴り終わる前に電話を取り、「はい、丸菱商事でございます」と言われると、相手はまごついてしまう。電話をかけた人の心の準備の時間を作ることも必要だ。

前時代の遺物"もしもし"は避けよう

✖「もしもし、大菱銀行です」

●「はい、大菱銀行です」

電話ができたころは、通話中に雑音が入ったり、聞こえにくい状態になったりが多かった。電話機の性能のよくなかった時代、「聞こえますか」という呼び掛けの言葉が、「もしもし」であった。

今でも、電話の調子がよくなくて、聞こえにくいときなどに、「もしもし、もしもし……」と呼び掛ける。

また、電話をかけたほうの第一声は、「もしもし、大菱銀行さんでいらっしゃいますか」というように、「もしもし」が使われる。

しかし、会社にかかってきた電話の最初の言葉に「もしもし」は避けたい。「もしもし」の代わりに「はい」という言葉を使おう。

しかし、会社の方針によっては、「はい」を使わず、「丸屋百貨店です」という企業もある。

しかし、「はい」という一呼吸がないと、かけた側は相手に突然、名のられることになり、会社名を聞きのがしてしまうこともある。電話をかけた人に余裕を持たせる「はい」の言葉は大切なように思う。一呼吸おく、そのさり気ないタイミングに「はい」を生かしてほしい。

そのひとことが会社のイメージを決める

好感を持っている若い女性がいる。実は、その彼女に会ったこともないのだ。ときどき電話をするある会社の人事部にいるのであるが、とてもいい応対をするので好きなのである。

取り次ぎの電話のときにしか話したことはない。最初の二〜三回は、「はい、お待ちください」くらいの会話であった。しかし、回を重ねていくうちに、何かひとこと言うようになった。

「いつもお世話になっています」

「先日はお菓子をありがとうございます。おいしくいただきました」（会社宛にお菓子を送ったとき）

「福田先生のお書きになった『質問術』という本を読みました。とても勉強になりました」

電話での親しみのこもっているひとことの会話と、明るくはっきりした声がいいのである。

彼女の声を聞きたいがために、電話をしたくなることもあるくらいだ。

取り次ぎの電話は、事務的になってしまうことは仕方ない。さらに、忙しいとき、挨拶的なひとことが面倒であることもあろう。しかし、素敵な応対をする人がいると、そういう人が働いている会社はどんなに素晴らしい会社かと思ってしまうのも事実である。

たった三回のベルも、相手にとっては…

（ベルが三回以上鳴ったら）

「はい、大菱銀行です」

「お待たせいたしました。大菱銀行です」

電話がかかってきたら、早く受話器を取ることが基本であるが、ときとして、何回もコールさせてしまうことがある。

日本の電話コールは、ベルが一秒、ポーズが二秒である。三回コール音がしたときは、かけ手は十秒前後待たされることになる。

企業によって、数え方に多少の違いはあるとは思うが、三回以上、ベルをコールさせてしまったら、「お待たせいたしました」という言葉をまず言いたい。

そして、やむなく、五〜六回以上、コールさせてしまったら、「大変お待たせいたしました」と言うのが、マナーである。

このひとことで、「私は忙しいのに、電話を待たせる会社だなあ」と思うお客様の気持ちがほぐれるであろう。

相手はどんな状況で電話をしているのかわからない。発車間際の新幹線を前にして、ホームから電話しているのに、五回以上コールさせおまけに「はい、大菱銀行です」では、いくらなんでもひどすぎると感じるだろう。

見えない相手にひとこと添えて

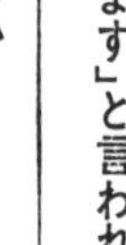

（「鈴木さんをお願いします」と言われて）
「はい」

「はい、少々お待ちください」

電話は表情や態度が見えないので、その分を言葉や声の表情で補わないといけない。何年も前に、ある会社に電話したときのことである。何年も前のことを覚えているというのは、かなり印象的であったからだ。

「はい、〇〇です」というところまでの若い女性の受け答えはよかった。そして、私が、「すみません。佐藤さんいらっしゃいますか」と言うと、「はい」と言ったとたん、オルゴールが鳴った。

電話が混線しているのかと思ったけれど、しばらく待っていると、「はい、佐藤です」という声。そこでやっと、「佐藤さんに取り次いでくれていたのか」とわかったのである。

電話は声がすべてだ。目の前に相手がいれば、「ああ、佐藤さんを呼びに行ってくれているのだ」とわかる。しかし「はい」とだけしか言わなかったら、電話をかけている人は先方がどうしようとしているのかわからない。次のようにひとこと添えてから取り次ぐと、相手は安心する。「はい、（少々）お待ちください」

「はい、今、佐藤（名前の確認の意味もある）と代わります」

相手の〝不安〟を打ち消すひとこと

電話をかけて、イライラすることのひとつに、待たされることがある。取り次いでもらったり、調べてもらったりするのであるから、少しくらいの時間、待たされるのは仕方がない。それが、必要以上に長いときには、怒りたくなってしまう。

「少々、お待ちください」と言って、すぐ、要求にそうようにいかなかったときには、再び電話に出て、

「申し訳ございません。もう、少々お待ちください」

「お急ぎのところ、申し訳ございません。いましばらく、お待ちいただけますか」

などと、ひとこと添えるようにしないと、電話をかけた人は不安になってしまう。

ひとことがあれば、「今、取り次ぎしてくれているところだな」とか、「調べるのに時間がかかっているのだな」と、納得できるものだ。

先日知人の家に電話をかけると坊やが出た。「お父さんをお願いします」「ハイ」――それっきりなかなか知人が出ないので心配になり「もしもし」と声をかけると「なあに」と坊やの声。

思わず受話器を落としそうになった。

受けた電話は最後まで責任を持つ

まだパソコンが今ほど出回る前の話だが、パソコンを買った放送作家の友人がいた。

パソコンを使いはじめて、三カ月したある日、故障したのか、一部分の機能だけが作動しなくなったという。

今、書いている原稿が消えてはいけないと思い、電源をつけたまま、サービスステーションに電話をした。

サービスステーションでは、「すみませんが、電話ではよくわかりません。明日、係の者を伺わせます」と言ったそうだが、「それでは、困るので、メーカーの電話を教えてください」と言い、電話番号を聞いて、彼は、メーカーに電話をした。

よくわかる人がいなかったせいか、アッチコッチ、六〜七ヵ所たらいまわしにされたそうだ。

結局、機械の故障というより、操作ミスらしく、電話で説明してもらい、なんとかなおったと言う。

もし、担当の人がいなかったら、相手の電話番号を聞いて、

「もどり次第、すぐ連絡いたします」

くらい言うべきだ。

受け取った電話は、自分が最後まで責任を持つくらいに思って欲しい。会社の仕事は忙しいし、役割分担があるかもしれない。しかし、お客様の気持ちになって、電話を取ることが大切だ。これは、電話敬語を生かすときの土台になる心得と言ってよい。いくら敬語が丁寧でも、たらいまわしが多いのでは何もならない。いい製品を作っても、電話応対が悪いと、お客様は逃げてしまうのだ。

無神経な取り次ぎは危険！

電話を取り次ぐとき、無神経な人は、受話器を手に持ったまま、しゃべりはじめる。

「(遠くにいる人に向かって) お〜い、高橋、電話だぞ」

「(となりにいる人に聞く) 課長は食事にでかけたっけ?」

「(側にいる人に) お前に電話。福田っていう人からだ」

また、名指人の会話も聞こえてくることがある。

「えっ、福田? どこの福田かな」

「ちょっと今、手がはなせないんだ。いないと言ってくれ」

「また、あそこから電話か」

電話を取り次ぐとき、受話器を渡すまでは、お客様と接している、というくらいの気持ちでいて欲しい。そして、まわりの声が入らぬ心くばりをすることだ。

では、受話器に手をあてれば聞こえないかというと、これは、けっこう、声がもれてくるものである。ささやく声くらいなら聞こえないが、普通の大きさの声だと、聞こえてしまうことが多い。

取り次ぐときは、保留音に切り換えて呼び出すことが基本である。

名のらないからって怪しい者じゃない！

✖「どちら様ですか!?」

「失礼ですが、どちら様でいらっしゃいますか?」

「誰から誰にかかってきたのか」ということは、電話の取り次ぎで大切なことである。普通、受けた側が名のれば、かけた側も名のるのが礼儀。

「はい、話し方研究所でございます」

「山田電器の田中ですが、福田先生はいらっしゃいますか?」

「いつも、お世話になっております。少々、お待ちください」

（「山田電器の田中様からお電話です」と、秘書が伝える）

というのが、普通の電話の取り次ぎ方だ。ところが、電話をかけた相手が名のらないことがある。社会的に高い地位の人は名前を名のらないことが多いようである。

そのとき、かけた相手の名前を聞くのは失礼にならない。ただ、名前の聞き方が問題になる。相手が電話のルール通り名のらないからといって、「どちら様ですか!?」と、つっけんどんに言うと、悪い感じがする。

「失礼ですが、どちら様でいらっしゃいますか?」と柔らかい口調で言うと印象がよい。前にも述べたが、「失礼ですが」、「おそれいりますが」というマジック・フレーズのひとつを使うのである。マジック・フレーズをひとこと添えるだけで、相手の受ける印象が違ってくる。出しおしみせず、マジック・フレーズをどんどん使おう。

さて、次の会話は、名前を聞くとき、答えるときの理想的会話である。

「失礼ですが、どちら様でいらっしゃいますか？」

「申し遅れました。山田電器の田中です」

「はい、田中様でいらっしゃいますね。少々、お待ちください」

銀行や商社などの人は、名前を名のる人がほとんどだが、サービス業やマスコミ関係の人は、名前を言わない人が多い。その心理を聞いてみた。

「ちゃんとした用事があるときは、名のりますよ。でも、〝いかがおすごしですか〟的な電話をすることも多い。そんなときに、名のってしまうと、面倒なんだ。〝伝言があれば、私がうけたまわりましょうか〟と、電話を切るまで、しつこいほど丁寧に応対される。

〝いいえ、急用ではありませんので、また、こちらからお電話させていただきます〟と言うと、〝では電話のあったことだけを伝えておきます〟ということになる。〝失礼ですが、どちら様でいらっしゃいますか〟と相手の名前を聞くまで電話を切らない会社の人って本当に困るよ」

丁寧に電話応対することは大切だ。しかし、相手の気持ちを読み、それなりの応対をすることも必要である。名のるのが当然という聞き方は相手を不快にさせる。

電話だからこそ、あいづちは多めに

　ある編集者と電話で打ちあわせをすると、私の言っていることを理解してくれていないのではないかと不安になり、かなりくどく説明することがある。理由は、彼があいづちをほとんどうたないからだ。

「こんどの本の内容ですが、第二章の部分でどうしたらいいかと悩んでいます。第二章の部分です。というのは、第三章と重複するのではないかと思うのです。つまり、第二章と第三章と内容が似てきてしまうので、第三章をまったく別の切り口で考えないといけないと思うのですが」

　くらいしゃべって、やっと彼は「はい」とあいづちをうつのである。

　対面しているときには、声に出さなくてもうなずいたり、微笑んだりすれば、ちゃんと聞いてくれているのだ、私の言っていることをわかってくれているのだ、と感じる。しかし、電話では相手の顔が見えない。そこで、あいづちが大切になる。

　電話では、対面しているとき以上に、あいづちをうったほうがよい。そのほうが、相手は安心するからだ。あの編集者のあいづちは、少なすぎる。

「こんどの本の内容ですが、第二章の部分でどうしたらいいかと悩んでいます」

「そうですか」

「というのは、第三章と重複するのではないかと思うのです」

「なるほど」

「第二章と第三章と内容が似てきてしまうので、第三章をまったく別の切り口で考えないといけないと思うのですが」

そして、あいづちは普通、「はい」が適当である。しかし、あいづちは聞いていることを示すほか、話をテンポよく聞き出す役割、同意などの意味もあり、話の流れや相手次第で、「ええ」がよいこともある。「なるほど」「そうですか」などを入れるともっと、応対が明確になる。

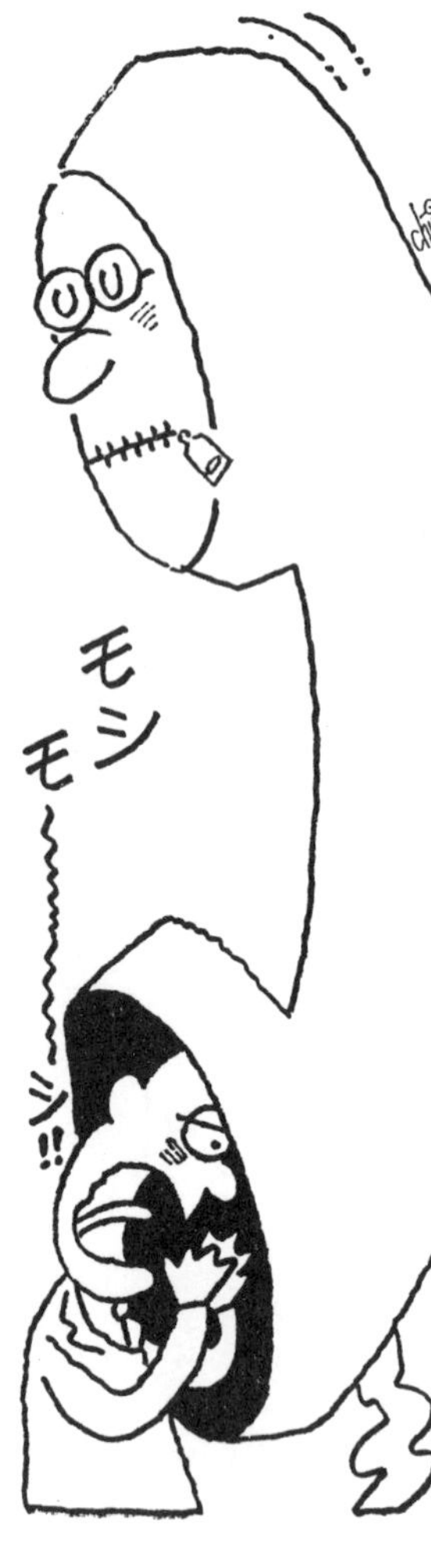

聞こえなかったら電話のせいにしてしまおう!

(電話の声が遠いとき)

✖ 「お声が遠いのですが(もう少し大きな声でお話し下さい)」

● 「お電話が遠いのですが」

「もう少し、大きな声で話してください」と言うのは失礼である。かといって、小さい声では聞き取りにくい。

普通、声が聞き取りにくいと、大きな声で話しがちである。すると、相手は、十分すぎるくらいに聞こえると思って、またまた、小さな声になる。悪循環である。

相手の声が小さいとき、私はいつも、「お電話が遠いのですが」と言うようにしている。これは、いい表現であると思う。

「お電話が遠い」と言うのは、結局、もう少し大きな声で話してください、という意味なのである。

しかし、電話機の調子がおかしい、という意味も含まれて、相手の声の大きさに対してせめている印象がない。

私は、「もう少し大きな声で話してください」と言われ、嫌な思いをしたことがあるから、この言葉には敏感なのである。

もし、「そんなこと私は感じない」という人がいたら、鈍感すぎるのではないであろうか。

そんなに追求することはないでしょう！

企業の講演でいろいろな場所に行くが、ときどき、道順がわからなくなって、電話をすることがある。

「すみません。これから御社に伺いたいんですが、道順を教えていただけませんか」

「おそれいります、どちら様ですか?」

「話し方研究所の福田です」

「何かご用ですか」

「今日、講演で伺うのですが」

「はい、まず、大通りを……」

こんな企業には、講演に行きたくない。

場所や住所を聞きたいと言ったら、この段階では、素直に教えればいいのだ。名前や用件を聞く必要はまったくない。

道順を説明した後
「どうぞお気をつけておいで下さい」

と丁寧に言葉を添えた企業があった。珍しいことなのでその企業の名はいまも記憶している。

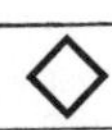

「お忙しいところおそれいりますが」のひとことを

電話には、暴力的性格がある。

よく言われるように、電話にはドアがないからだ。

相手が、いま、どうしても手の離せない仕事をやっているのかもしれないのに、突然割り込んでしまう。

「私は仕事の用事があるから、電話するのだ」という気持ちで電話をかけると、言葉の端々でそれが出てくる。

「お忙しいところおそれいりますが……」

「お忙しいところ申し訳ございません……」

「いま、よろしいですか」

電話をかけておいて、いまよろしいですかもないものだと思うかもしれないが、不思議にこの言葉で、

「ええどうぞ」

と、答えてしまう。

そんなひとことを言えば、暴力的な印象がなくなる。

対面しているとき以上に気持ちをこめて

✖（上司が休みのとき）「今日は休んでおります」

●「申し訳ございません、今日は休んでおります」

お客様と上司では、すでに述べたように、どんな場合でも、お客様のほうに尊敬語を使わなくてはならない。

それが、たとえ、社長であってもだ。

お客様に対しての敬語は、以前詳しく述べているので、この章ではあまりふれないが、電話の場合、さらに、注意する点がある。

相手が見えない電話会話では
「対面しているとき以上に、言葉で気持ちを表す」

ということである。

ちょっとしたことであるが、上司が休んでいるとき、ただ
「今日は休んでおります」

ではなくて、

「申し訳ございません」

をつけ加えることによって、感じのよい応対になる。

あなたに命令されるおぼえはない!

（かけた相手が不在のとき）

「電話をください、と伝えてください」

「お帰りになりましたらお電話いただきたいのですが」

電話をかけた相手が留守のとき、基本的には、「失礼ですが、何時ごろお帰りになりますか」と聞き、「そのころ、また電話をおかけいたします」と言って、こちらからかけるようにする。

しかし、相手が何時ごろ帰るかわからないので、電話が欲しいときは遠慮せず、その旨を伝えればよい。ただし「おそれいりますが、お帰りになりましたら電話をいただきたいのですが」と、相手の気持ちを尊重した言い方、丁寧な言い方で言う。そして、自分の名前、電話番号を伝える。（いつも、連絡を取りあっている会社なら、名前だけでよい）

伝言の頼み方を知らない若い人がいる。

「電話をください、と伝えてください」と言う。

命令口調は厳禁である。

また、伝言を頼みたいとき、「おそれいりますが、お伝えいただきたいのですが（お伝えいただきたいのでございますが）」とひとこと言って、相手が「はい」と返事をしたら、「用件を申し上げます……」と伝言を頼む。

電話の切り方で評価が決まることも

（電話を切るとき）「それでは」

「それでは失礼いたします」●

電話は、かけたほうから先に切るのが原則である。

用事があってかけてきたのだから、用事が終わったという判断をする、というところからきたのである。

しかし、年上の人と話すときには、相手が切ってから受話器を置いたほうが好ましいかもしれない。ガチャッという音は耳障りであるからだ。

さて、電話を切るときの最後の言葉は、しめくくりの言葉なので、丁寧に、失礼のないように切りたい。「では」、「それでは」で電話を置いてしまったら、「あそこの会社は感じ悪い」ということになってしまう。

「それでは、失礼いたします」

「かしこまりました。そう申し伝えます」

「それでは、よろしくお伝えください」

「それでは、よろしくお願いいたします」

そんな言葉で終わりたい。

どうせ誰でも似たようなもんですから…

「営業の方なら誰でもかまいません」

「どなたか営業の方をお願いいたします」

「誰でもかまいませんが〜」

の表現は、忙しいであろうから、特に、誰というほどでもない。手の空いている人でよろしいんですとのニュアンスが感じられる。

だが、敬語論からすると、この言い方には問題がある。多分、

「営業の方をお願いします」と言ったところ、

「営業のどの者をお呼びしますか」

と聞かれて、さきのように答えたのだと思うが、「誰でも」は「どなたでも」が正しい。

とは言え、電話に出た人間は誰でもかまわない中の一人になってしまうので、あまりいい気分ではない。「でも」と「かまわない」が粗末な感じを与えてしまう。ここでは、言いかえを工夫したらどうか。

「特別どなたも存じ上げておりませんのでどなたか営業担当の方におつなぎください」

「○○の件で、担当の方」

などと、件名を予告して、担当者を呼び出してもらう方法もある。

混乱しやすい電話の〝第三者〟

✖「お電話するよう申し上げます」

●「お電話するよう申し伝えます」

電話は声だけ、言葉のみで、勝負しているのであり、会社の印象を決めてしまう重要なコミュニケーションでもある。

特に、社内にいて電話を取る場合、どんな相手からかかってくるかわからないので、応対の言葉遣いには、十分習熟しておく必要がある。

先日、某社に電話をしたところ、

「佐々木でございます」

電話に出た若い彼は、わたしも二度ばかり会っているので、

「あっ、佐々木さん、暑くなりましたね」

「そうでございますね」

「でも、あなたのところは冷房完備で暑さ知らずでしょう」

「もちろんでございます」

そう言えば、会って話すときも丁寧なもの言いの若者で、確かによく「ございます」を使っていた。だが、姿が見えず、声だけで「ございます」を連発されると、そこだけがいやに目立

ってしまうのだ。「もちろんでございます」の個所、「ありがとうございます」のほうが自然だろう。

さて、名指しの者が不在のとき、「お電話するように申し上げます」も、身内に敬語を用いた誤りである。ここは、

「お電話するよう、申し伝えます」

或いは、

「お電話させるようにいたします」

と言うようにしたい。

使ってしまいがちな身内への敬語

✖「山田はおたく様の電話番号をご存じでしょうか」

●「〜存じ上げておりますでしょうか」

仕事で、方々に電話をするが、目指す人が不在で用が足りない場合も、決して少なくない。何本か電話を入れ、どの相手も留守で、話ができなかったりするときもあって、思わず、

「きょうはついていないな」

と呟やき、まだ何本か電話を入れなければならないのに、つい、一休みしたりする。ところで、かけたほうがうっかり名のるのを忘れると、せめるような口調で、

「どちら様ですか！」

と、聞いてくる相手がいる。慌てて、

「失礼しました、福田と申します」

「いま、山田はおりません」

名のった途端に、おりませんと言われるのはいい気分のものではない。

順序をかえて、

「山田は外出しております。失礼ですが、どちら様ですか」

こんなふうに言って欲しい。

そこで、

「じゃ、お帰りになったら、電話を頂戴したいんですが」

「承知いたしました。山田は福田様の電話番号を存じておりますでしょうか」

「ご存じ」は尊敬語なので身内には使わない。

「存じております」

を使う。もっとも、見知った相手なら、

「知っていますか」

でもかまわない。さらに、

「念のために、電話番号をお聞かせ願えますか」

と、番号を聞いて確かめておく方法もある。

名指しの者が外出中のときは、番号のメモ帳を忘れていることもあるので、番号を確かめておくほうが安全かも知れない。

「番号、聞いておいてくれた?」

「知ってるんじゃなかったの?」

「困るよ、聞いておいてくれないと」

こんなやりとりをして気まずい思いをすることにもなりかねない。

≪これだけは知っておきたい電話のマナー≫

かかってきた電話・対応のマナー

●電話がかかってきて、伝言を頼まれたとき5W1H（いつ、どこで、誰が、何を、なぜ、どのように）を念頭におき、メモをする。

●伝言は（簡単に）復唱する。

●かけなおしの電話は、名前と電話番号を聞くのをわすれない。

かける電話・対応のマナー

●順序だてて、てきぱきと話す。こみいった話は別であるが、3分以内に話し終わるようにする。

●用件を切り出す前に「いま、よろしいですか」と、相手の都合を聞いてから話しはじめる。

●伝言するとき、「では、明日の会議の件についての伝言ですが」などと、ポイントを予告してから、用件を述べると、相手が理解しやすい。

これを知っていればカンタンに書ける！

社内文書とは、報告書、稟議書など、社内で通用する文書の総称である。社外文書とは、挨拶状、通知書、照会書など、他の企業などとの間にかわす文書のひとつである。

社外文書の場合、敬語体を用いて、「頭語」→「時候の挨拶」→「安否の挨拶」→「主文」→「結語」の順で書くのが基本である。

●頭語――「拝啓」など、手紙文の最初に述べる言葉。次に続く文は一字あけるか、行を改めるかする。

●時候の挨拶（安否の挨拶）――「陽春の候……」など、そのときの時候。社交的、儀礼文書では、私的感想を述べるより、慣用的な言いまわしをしたほうがよい。

●起辞――「さて」など、「主文」に入るときの言葉。

●本文――用件。

●末文の起辞――「まずは」、「右」などが用いられる。

●末文――「書面をもってご挨拶申し上げます」などの、しめくくりの部分。

●結語――「敬具」、「草々」など。

“御中”“各位”はそれだけで立派な敬称

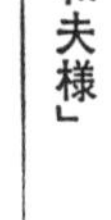

「三星商事御中　斉藤和夫様」

「三星商事　斉藤和夫様」

「御中」は、会社や団体など、個人宛でない相手に対する敬称である。三星商事への手紙であれば、「三星商事御中」と書く。

そして、会社の多人数の敬称に、「各位様」、「各位殿」と書かれていることがある。例えば、「三星商事　営業各位殿」と使っている人がいる。これは、間違いである。

「各位」は「皆様」「皆様方」という敬語で立派な名称である。また、「様」、「殿」も敬語なので、二重敬語になってしまう。「三星商事　営業各位」と書くのが、正しい手紙敬語である。

もし、お礼状のときには、「各位」では、かたい印象がする。そんなときには、「皆様」、「皆様方」というようにしたほうがいいだろう。

さて、会社の中の特定の人宛の手紙であれば、「三星商事　斉藤和夫様」と書く。会社名の後に「御中」はつけない。

組み合わせを間違うと恥をかく！

頭語とは、手紙の最初の挨拶で、結語とは、用件を終えて最後にする挨拶である。そして、頭語と結語は、対になっている。次は、頭語と結語の組み合わせである。

「拝啓」（へりくだって申し上げます）→「敬具」（敬って申し上げました）、または「かしこ」（女性が使う、柔らかい表現）

「前略」（急ぎのため前文にあたる挨拶を省きます）→「草々」（急いで書いたので十分に意をつくしておりません）

「急啓」（急いで申し上げます）→「草々」

「冠省」（挨拶を省きます）→「草々」

用途によって、使い分けるとよい。

〝先生〟に〝様〟は敬称の使いすぎ

✖「高橋先生様」

●「高橋先生」

現在、役所の公用文でも、「殿」ではなく、「様」を使うことが多くなってきたという。手紙を書くとき、相手に「様」を使うのが、一般的である。

さて、政治家、医者、作家、などに手紙を送るとき、

「高橋先生様」

と書く人がときどきいる。これは、誤りである。「先生」というのは、敬称である。そして、「様」というのも、敬称である。「高橋先生」で、立派な敬語なのだ。あるとき、

「福田所長先生」

という手紙をもらったことがある。

地方の年配の方からのものだ。病院でアルバイトをしていたとき、

「院長先生」

という手紙がたくさんきていたのを思い出した。

「所長」、「院長」

だけで十分なのは言うまでもない。

役名に〝様〟をつけるべきか？

✖「高橋課長」

●「高橋課長様」

「先生」というのは、敬称であるから、それに「様」をつけるのはおかしいということは述べた。では、「局長」、「部長」、「課長」など敬称がつくときも、「様」をつけないほうがいいという論理になる。

この場合、ケースバイケースであると思う。

一般の手紙であれば「高橋課長様」、公用の手紙なら「高橋課長殿」とするのがよいと思う。

しかし、社長のような最上位者に対しては、「高橋社長様」や「高橋社長殿」より、「高橋一郎様」のほうが一般的である。

《時候の挨拶》

「一月」
厳寒（厳冬、酷寒）の候
寒さ厳しい折り
寒さも急に増したように感じる昨今

「二月」
余寒（晩冬、残寒）の候
暦の上では春とはいえ
どことなく春の訪れを感じる頃となりました

「三月」
早春（春寒、浅春）の候
ようやく春めいてまいりました
早春とはいえ、寒さの続く毎日ですが

「四月」
陽春（春暖、仲春）の候
桜花爛漫の季節を迎え
春雨に煙る季節を迎えております

「五月」
新緑（薫風、若葉）の候
風薫る季節を迎え
若葉の萌えたつ季節となりました

「六月」
梅雨（初夏、向夏）の候
うっとうしい雨の続く毎日ですが
暑さも日ごとに強くなってまいりました

「七月」
猛暑（盛夏、炎暑）の候
梅雨もあがり、一段と暑さが加わる頃となりました
例年にない厳しい暑さが続いております

「八月」

残暑（晩夏、秋暑）の候

立秋とは暦の上、相変わらずの暑い日が続いております

朝夕はいくぶんしのぎやすくなりました

「九月」

涼秋（初秋、清涼）の候

日中の暑さはなお厳しい日が続いております

一雨ごとに秋の深まりを感じる頃となりました

「十月」

秋冷（清秋、仲秋）の候

菊薫る今日このごろ

夜寒を迎える毎日となりました

「十一月」

向寒（晩秋、霜降）の候

紅葉も深みを増す季節となりました

初霜に冬の訪れを感じるころになりました

「十二月」

寒冷（初春、寒気）の候

今年もはや師走を迎えました

歳末ご多忙の折り

《知っておきたい手紙での敬語表現》

	相手側	自分側
人をさす言葉	貴殿　御一同様 先生　各位 ○○（名前）様	私　○○○○○（自分の名前） 一同 当社社員　○○（名前）
相手の団体をさす言葉	貴社　貴店　貴工場　御社	当社　当課　当方
所在地	御地　御当地	当地　当方面
意見	御要望　御意見　御申しこし	所見　私見　考え
書簡	お手紙　貴面	書面　書状
配慮	御配慮　御高配　御尽力	配慮
往来	ご来訪　御来社　お立ち寄り	お伺い　参上

㈱話し方研究所
東京都中央区日本橋堀留町1―10―16
第8センタープラザ7F
☎03（5649）0874

敬語図鑑

著　者　福田　健
発行者　真船美保子
発行所　KK ロングセラーズ
東京都新宿区高田馬場 2-1-2　〒 169-0075
電話　(03) 3204-5161 (代)　振替 00120-7-145737
http://www.kklong.co.jp
印　刷　太陽印刷工業(株)
製　本　(株)難波製本

落丁・乱丁はお取り替えいたします。
※定価と発行日はカバーに表示してあります。
ISBN978-4-8454-5093-0　C0230　Printed In Japan 2019

本書は2009年2月に出版した書籍を改題改定したものです。